NORBERT WAND

DAS DORF DER SALIERZEIT

PUBLIKATIONEN ZUR AUSSTELLUNG
»DIE SALIER UND IHR REICH«
VERANSTALTET VOM LAND RHEINLAND-PFALZ
IN SPEYER 1991

RÖMISCH-GERMANISCHES ZENTRALMUSEUM
FORSCHUNGSINSTITUT FÜR VOR- UND FRÜHGESCHICHTE

JAN THORBECKE VERLAG SIGMARINGEN
1991

RÖMISCH-GERMANISCHES ZENTRALMUSEUM
FORSCHUNGSINSTITUT FÜR VOR- UND FRÜHGESCHICHTE

NORBERT WAND

DAS DORF DER SALIERZEIT

EIN LEBENSBILD

MIT EINEM FARBIGEN BILD VON FANNY HARTMANN

JAN THORBECKE VERLAG SIGMARINGEN
1991

Publikationen zur Ausstellung
»Die Salier und ihr Reich«
veranstaltet vom Land Rheinland-Pfalz
in Speyer 1991

gefördert durch die
KulturStiftung der Länder
aus Mitteln des
Bundesministers des Innern

Die Deutsche Bibliothek – CIP-Einheitsaufnahme

Ausstellung Die Salier und ihr Reich ⟨1991, Speyer⟩: Publikationen zur
Ausstellung »Die Salier und ihr Reich« / veranst. vom Land Rheinland-
Pfalz in Speyer 1991. – Sigmaringen: Thorbecke.
   (Monographien / Römisch-Germanisches Zentralmuseum,
   Forschungsinstitut für Vor- und Frühgeschichte; ...)
NE: Rheinland-Pfalz; Die Salier und ihr Reich

Wand, Norbert: Das Dorf der Salierzeit. – 1991

Wand, Norbert:
Das Dorf der Salierzeit: ein Lebensbild / Norbert Wand.
Römisch-Germanisches Zentralmuseum, Forschungsinstitut für Vor-
und Frühgeschichte. Mit einem farbigen Bild von Fanny Hartmann. –
Sigmaringen: Thorbecke, 1991
   (Publikationen zur Ausstellung »Die Salier und ihr Reich«)
   ISBN 3-7995-4143-8

© 1991 by Jan Thorbecke Verlag GmbH & Co., Sigmaringen

Dieses Buch ist aus säurefreiem und alterungsbeständigem Papier hergestellt.

Gesamtherstellung: M. Liehners Hofbuchdruckerei GmbH & Co. Verlagsanstalt, Sigmaringen
Printed in Germany · ISBN 3-7995-4143-8

INHALTSVERZEICHNIS

FÜR GISELA UND SIBYLLE

VORWORT

Unsere Kenntnis vom Aussehen des mittelalterlichen deutschen Dorfes ist noch sehr lückenhaft – im Unterschied zu unserem Wissen über die Stadt des Mittelalters. Bei der außerordentlichen Bedeutung des Bauernstandes als der Ernährungsbasis der mittelalterlichen Feudalgesellschaft – *si bûwent ûs der erde vruht, der alle die lûte müessen leben* (Konrad von Ammenhausen 1337) – und wegen des hohen Anteiles der mittelalterlichen Dorfbewohner an der Gesamtbevölkerung (um 1150 etwa 90–95 %) ist die Erforschung des mittelalterlichen Siedlungswesens als ein dringendes Desiderat der Forschung zu erachten.

Da das Bild des spätmittelalterlichen Dorfes (also vom 13. Jahrhundert an) bis über das Ende der vorindustriellen Zeit hinaus (das heißt bis ins 19., meist sogar noch bis zur Mitte des 20. Jahrhunderts) nur unwesentliche Änderungen erfuhr, interessieren vor allem die Vorstufen der Dorfbildung. Hierbei kommt dem beginnenden Hochmittelalter, wie gerade neuere archäologische Untersuchungen zu zeigen vermögen, entscheidendes Gewicht zu, erweist sich das 11. Jahrhundert doch als eine Umbruchszeit, die zu neuen Lösungen der bäuerlichen Wirtschafts- und Sozialordnung, aber auch im Hausbau, der Gehöftstruktur und in der Dorfform findet. Damit werden die wesentlichen Voraussetzungen für die nachfolgende Entwicklung gelegt.

Behauptungen wie die von der »Rückständigkeit«, »Dumpfheit«, »Primitivität« oder gar die Legende vom »finsteren Mittelalter« weichen, wenn wir uns von den Vorurteilen früherer Jahrhunderte, vor allem von den dogmatischen Diskriminierungen der Renaissance, frei machen, dem Respekt vor den Leistungen der Menschen im Mittelalter. Ihnen verdanken wir einen Gutteil unseres Selbstverständnisses und unserer heutigen Lebensqualität: »Das Mittelalter ist eine Epoche, in der wesentliche Züge und unverwechselbare Seinselemente Europas gewachsen sind, deren Verschwinden den Wandel oder Untergang seiner spezifischen Gesellschaft und Kultur bedeutet« (Karl Bosl).

EINLEITUNG

DIE ARCHÄOLOGIE DES MITTELALTERS – ARBEITSGEBIETE, METHODEN UND ZIELSETZUNGEN EINES JUNGEN FACHES

Die Archäologie des Mittelalters ist – zumindest im deutschen Sprachgebiet – eine noch junge Fachdisziplin: Erst 1987 erschien die erste zusammenfassende Darstellung dieses neuen Forschungsbereiches[1]. Sein Arbeitsgebiet umfaßt den gesamten Zeitraum des Mittelalters, das heißt vom Beginn der Völkerwanderung im 4. Jahrhundert bis zum Anfang der Neuzeit um 1500. In ihren Arbeitsmethoden mit der zeitlich vorangehenden Vor- und Frühgeschichte weitgehend identisch, bearbeitet die Archäologie des Mittelalters in weitgehend schriftlosen Epochen archäologische Quellengruppen, die sie im Sinne einer historischen Wissenschaft auswertet. Dabei stehen sozial- und wirtschaftsgeschichtliche Fragestellungen im Mittelpunkt. Die Archäologie des Mittelalters versteht sich, entsprechend der beabsichtigten Breite ihrer Aussagen, als »Kontaktwissenschaft« zu anderen, ebenfalls im Bereich des Mittelalters tätigen Forschungsdisziplinen. Dadurch sind größere Forschungsvorhaben des Faches grundsätzlich interdisziplinär angelegt.

Im Gegensatz zum Arbeitsgebiet Völkerwanderungszeit und Frühmittelalter, in dem das Fach bereits sichere und breite Aussagen für die Struktur und Entwicklung der Epoche einbringen kann, ist die Arbeit im Hochmittelalter über Ansätze bisher kaum hinausgekommen. Zudem bedürfen manche Ergebnisse, da sie teilweise noch aus dem Beginn dieses, ja auch noch vom Ende des letzten Jahrhunderts stammen, dringend der Überprüfung und Ergänzung. Immnerhin gibt es aber gerade für die salische Zeit neue, wichtige, wenn auch nicht sehr zahlreiche Forschungsergebnisse, die das bisherige Bild der Epoche in wesentlichen Zügen korrigieren. Sie betreffen erfreulicherweise die ganze Breite der Arbeitsgebiete des Faches, nämlich die Archäologie der Burgen, der Kirchen, der Stadt und der ländlichen Siedlung. Als neuer Bereich ist jüngst die Analyse der Sachkultur (Realien) hinzugetreten.

Die (ländliche) Siedlungsarchäologie will die Wurzeln, das Aussehen und die Geschichte der Siedlung klären[2]. Dabei erstrecken sich die Untersuchungen in erster Linie auf drei Bereiche:

1. *Die topographischen und naturräumlichen Voraussetzungen:*
   die Lokalisierung der Siedlung im Gelände sowie ihre Größe und Begrenzung, die Lage zu/an Straßen, Wegen und Bächen und schließlich die Klärung der Dorfformen in der historischen Entwicklung,

2. *Die Be- und Entsiedlungsvorgänge:*
   Beginn und Ende der Siedlung, Kontinuität und Diskontinuität, Siedlungsdynamik und -mobilität, Wüstungsursachen und anderes,

3. *Die Struktur und Sachkultur der Ansiedlung:*
   Hausbau, Gehöftformen, Art und Funktionen der Sondergebäude, Aussagen der materiellen Hinterlassenschaften zur sozialen und wirtschaftlichen Struktur der Siedlung und anderes.

Im folgenden soll nun das Bild des salischen Dorfes mit Schwerpunkt auf dem Mittelgebirgsraum dargestellt werden.

---

1 Fehring, Archäologie des Mittelalters (1987).
2 Allgemeine Einführung: Jankuhn, Siedlungsarchäologie
(1977). Den Forschungsstand bis 1988 referiert Janssen, Genetische Siedlungsforschung (1988).

9

ENTWICKLUNGSTENDENZEN DER SALISCHEN EPOCHE AUF DEM LANDE AUFGRUND DER SCHRIFTQUELLEN

Der salischen Zeit kommt innerhalb des Mittelalters die Bedeutung einer Epochengrenze zu: Hier endet das Frühmittelalter und beginnt das Hochmittelalter. Das Frühmittelalter gliedert sich in drei, gut gegeneinander abgrenzbare Phasen: Nach einer Sammlung der Kräfte in der Völkerwanderungszeit (4. bis Ende des 7. Jahrhunderts) wird bereits um 800 mit der karolingischen Renaissance in der Regierungszeit Karls des Großen (768–814) der Höhepunkt erreicht, demgegenüber der spätkarolingisch-ottonische Zeitabschnitt keine wesentlich neuen Akzente mehr zu setzen vermag, schließlich sogar stagniert und barbarisiert.

Die Jahrtausendwende mit dem kurz darauf erfolgenden Antritt der salischen Dynastie (1024) stellt ziemlich genau den Einschnitt dar und setzt die neuen Antriebskräfte frei: Es beginnt, zunächst freilich noch sehr zaghaft, nach der Mitte des 11. Jahrhunderts aber schon sehr deutlich, das Aufblühen des westlichen Abendlandes, das sich mit immer stärker werdender Dynamik in eine Zeit des Erwachens, des Aufbaus und des Fortschritts verwandelt[3].

Diese große und für das gesamte westliche Europa folgenschwere innere Wende hat der französische Mediävist Marc Bloch in seinem grundlegenden Werk »La Société Féodale« (1939/40) folgendermaßen charakterisiert: »Eine Reihe sehr tiefgehender und allgemeiner Veränderungen, die ohne Zweifel durch das Aufhören der letzten Invasionen (nämlich der nordeuropäischen Wikinger und der osteuropäischen Ungarn, Zusatz des Verf.) ausgelöst und möglich gemacht wurden, jedoch insoweit, als sie das Ergebnis dieses wichtigen Ereignisses waren, um mehrere Generationen verspätet eintraten, lassen sich um die Mitte des 11. Jahrhunderts beobachten. Kein Bruch, gewiß, aber ein Richtungswechsel, der trotz unvermeidlicher Verschiebungen, den jeweiligen Ländern und Vorgängen gemäß, nach und nach fast alle Bereiche der sozialen Aktivität erfaßt«[4].

Als wichtigste Ursache hat die Forschung demographische Veränderungen erkannt: Die europäische Bevölkerung wächst von etwa 46 Millionen um 1050 auf 48 Millionen um 1100, 50 Millionen um 1150, 61 Millionen um 1200, schließlich auf 73 Millionen um 1300[5]. Die Zahlenangaben sind zwar nur Näherungswerte, aber sie lassen sich durch schriftliche Nachrichten in ihrer Tendenz absichern: So ist im Verlaufe des 11. Jahrhunderts für die Mosellande ein Anstieg der urkundlich belegten Orte von 350 auf 590 zu beobachten, eine Zahl, die sich im 12. Jahrhundert noch stärker, nämlich auf 990, erhöht[6]. Hinter diesem Vorgang steht die Erschließung bisher nicht besiedelter Waldlandschaften, die sich in Ortsnamenbildungen auf -rode, -rade und -hagen im mitteldeutschen und -roth, -reuth und -rieth im süddeutschen Raum widerspiegeln. Allerdings ist die Chronologie dieser Neusiedlungen nur in Ausnahmen urkundlich zu fassen. Diese Expansion ergriff aber auch – wie die genetische Siedlungsgeographie durch die Analyse von Katasterplänen und Flurkartenrückschreibungen nachweisen konnte[7] – die älteren Orte des Altsiedellandes, wenn sich in der Nähe des bestehenden Ortes Ansatzpunkte für eine Neulandgewinnung durch Zuordnung bot (Abb. 1).

---

3 Le Goff, Hochmittelalter (1965) 14 ff.

4 M. Bloch, La Société Féodale, Bd. 1 (1939) 97 (übers. in Le Goff, Hochmittelalter [1965] 14). Blochs Forschungen haben bis heute, abgesehen von einigen Differenzierungen (z. B. die von Bloch überschätzte Bedeutung der »Invasionen«), einer Überprüfung standgehalten. Denn auch von den heutigen Historikern wird der Einschnitt in der Mitte des 11. Jahrhunderts gesehen als »Wende« (Le Goff, Hochmittelalter [1965] 9 ff.), »Fortschritt und Verheißung« (Fuhrmann, Hohes Mittelalter [1983] 44 ff.), als Beginn eines fundamentalen Wandels (Haverkamp, Aufbruch [1984] 12) bzw. als »Umbruch der frühmittelalterlichen Welt« (Keller, Regionale Begrenzung [1986] 57 ff.). Allein K. Bosl legt die Zäsur bereits ans Ende des 10. Jahrhunderts und sieht dort schon »Europa im Aufbruch« (Bosl, Europa im Aufbruch [1980] 13).

5 Zahlen nach Le Goff, Hochmittelalter (1965) 39.

6 Haverkamp, Aufbruch (1984) 155.

7 Born, Agrarlandschaften (1989) 19 ff.

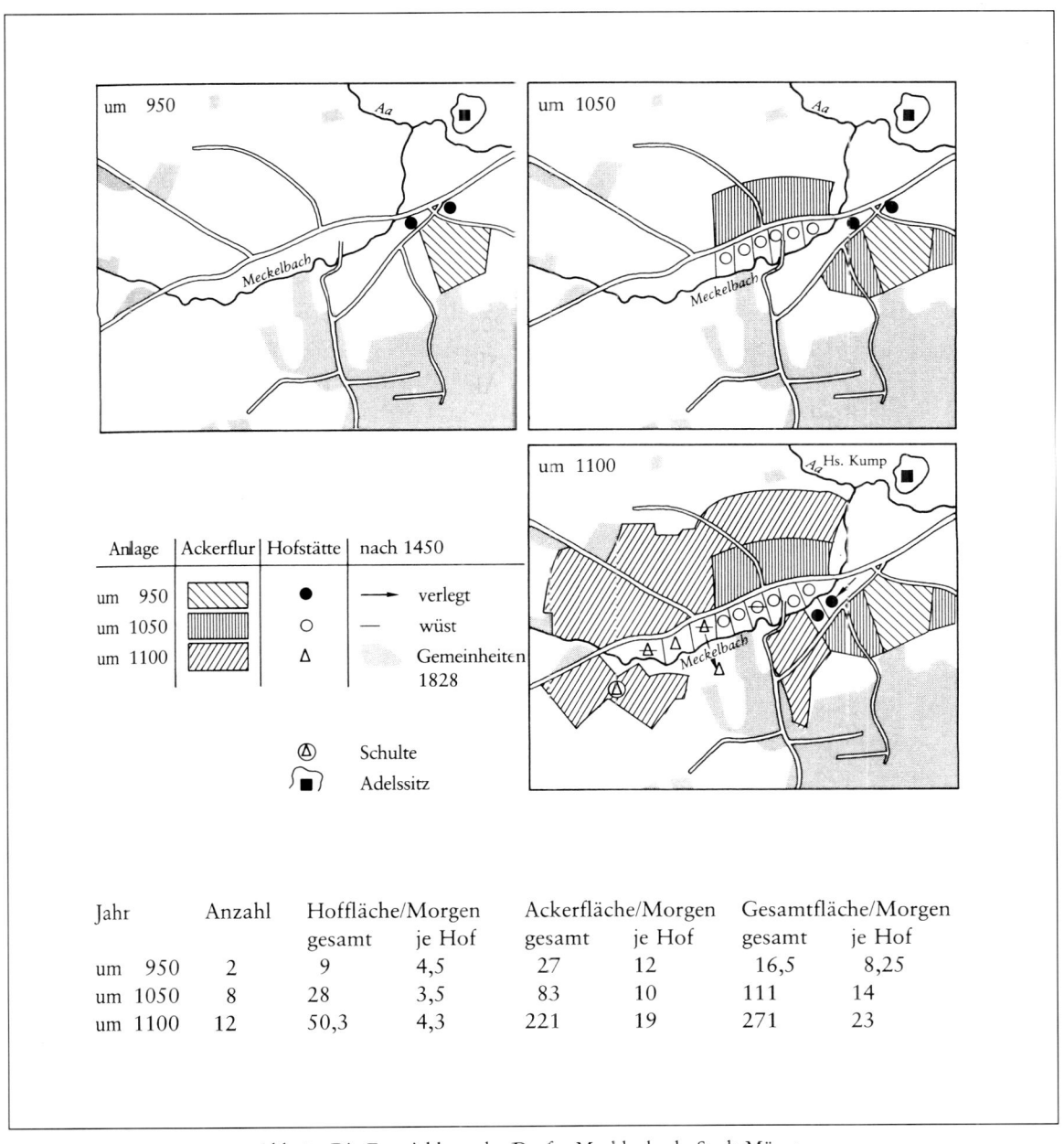

Anlage	Ackerflur	Hofstätte	nach 1450	
um 950	░░	●	→	verlegt
um 1050	▦	○	—	wüst
um 1100	▨	Δ	░	Gemeinheiten 1828
		Ⓐ	Schulte	
		▣	Adelssitz	

Jahr	Anzahl	Hoffläche/Morgen		Ackerfläche/Morgen		Gesamtfläche/Morgen	
		gesamt	je Hof	gesamt	je Hof	gesamt	je Hof
um 950	2	9	4,5	27	12	16,5	8,25
um 1050	8	28	3,5	83	10	111	14
um 1100	12	50,3	4,3	221	19	271	23

Abb. 1 Die Entwicklung des Dorfes Mecklenbeck, Stadt Münster
(aufgrund einer »rückschreibenden« Katasterkartenauswertung von W. Müller-Wille).

Der Naturraum wandelte sich. Mit dem Gewinn neuer Anbauflächen ging der Wald zurück (Abb. 2).
Zunächst, das heißt in salischer Zeit, werden aber kaum mehr als schmale Lichtungen in den Wald
vorgetrieben worden sein, denn noch im »Parzival« Wolframs von Eschenbach (verfaßt um 1210) muß
der Ritter Gâwân durch einen ausgedehnten Wald *(der walt was lanc und wît)*, bis er auf die erste
Ansiedlung trifft: *nû wart der walt gemenget, / hie ein schache, dort ein velt, / etslîchz so breit, daz ein
gezelt / vil kûme drüffe stüende* (V. 398, 18–21). (Nur lichtete sich der Wald, hier eine Baumgruppe, dort
ein Feld, manches aber nur so breit, daß kaum ein Zelt darauf stehen konnte.)

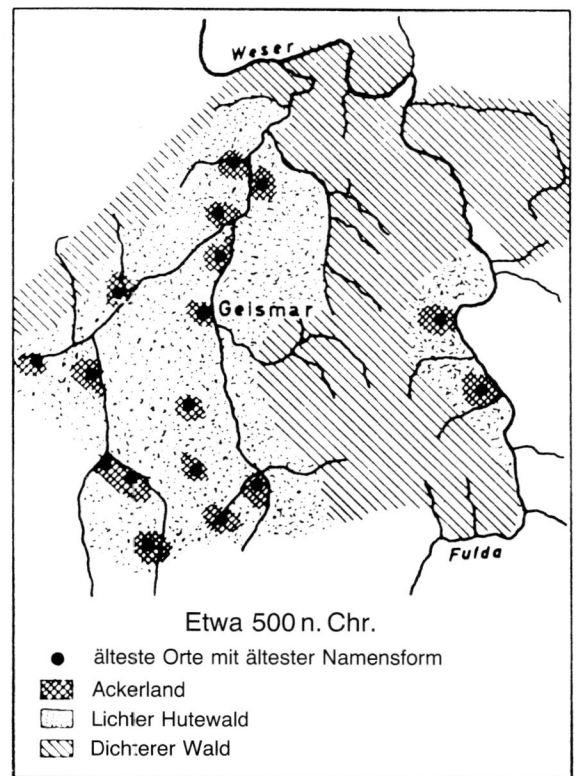
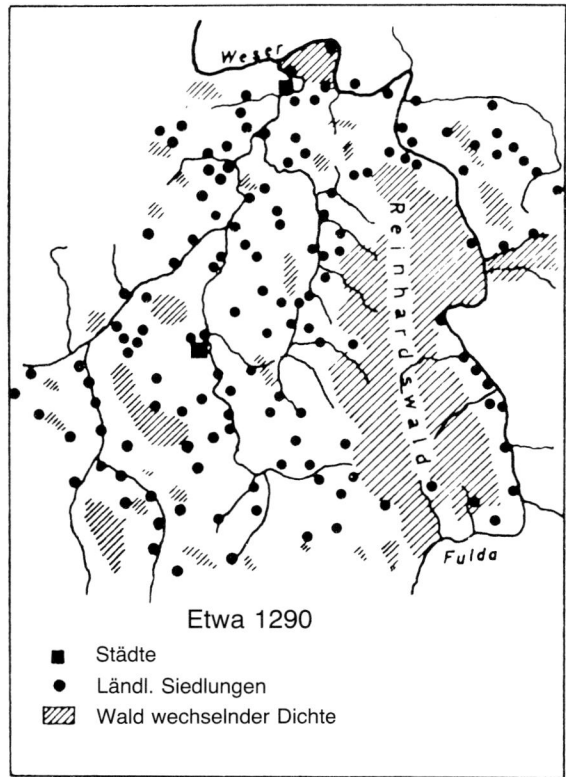

Etwa 500 n. Chr.

- ● älteste Orte mit ältester Namensform
- ▨ Ackerland
- ▨ Lichter Hutewald
- ▨ Dichterer Wald

Etwa 1290

- ■ Städte
- ● Ländl. Siedlungen
- ▨ Wald wechselnder Dichte

Abb. 2 Wandlungen im Siedlungsbild der Diemellandschaft (nach H. Jäger).

Von den während der sogenannten Binnenkolonisation des Altsiedellandes neu angelegten Siedlungen scheinen die -hagen-Dörfer die ältesten zu sein: »Sie breiten sich von der Mittelweser, dem Lipper Lande und dem Leinetal nach allen Seiten, besonders nach Osten, aus. Häufig mit einer besonderen Flurverfassung ... beginnen sie um 1100, vielleicht auch schon um 1050«[8].

Das Mißverhältnis zwischen steigender Bevölkerung und mangelnden Wirtschaftsflächen, verschärft durch Rückständigkeit der Technik und Wirtschaftsweise, führte gegen Ende des 11. und zu Beginn des 12. Jahrhunderts zu längeren Hungerperioden und oft sich daran anschließenden Epidemien. Die Probleme wurden überwunden durch die sogenannte *Wirtschaftsrevolution des Zweiten Feudalzeitalters* (M. Bloch).

Ausgangspunkt scheinen revolutionierende Verbesserungen in der *Agrartechnik* gewesen zu sein. Vor allem wirken sich ertragssteigernd aus die Verbreitung des Räderpfluges mit Streichbrett und Sech (anstelle des alten Hakenpfluges), die gesteigerte tierische Zugkraft durch das Kummet für Pferde und das Stirnjoch für Ochsen, die Verbesserung des Lastentransports mit der Einführung des großen vierrädrigen Wagens *(longa caretta)* (anstelle des älteren zweirädrigen Karrens) sowie der Einsatz neuer, eiserner Gerätschaften wie Pflugschar und Egge, aber auch des Hufeisens für Pferde, die, wegen ihrer etwa doppelt so großen Zugstärke, die Ochsen ablösen (Abb. 3)[9].

Die verbesserte Bodenbearbeitung ermöglicht nun überall den Übergang von der Zwei- zur *Dreifelder-wirtschaft*. Mit der Änderung der Anbaumethode – der Bauer teilt jetzt sein Land in drei Teile – erfolgt hinsichtlich der Produktivität ein entscheidender Fortschritt:

1. erhöht sich der Erntezuwachs durch den Gewinn des neuen Teiles um ein Drittel gegenüber der Zweifelderwirtschaft, und

---

[8] Abel, Deutsche Landwirtschaft (1962) 26 f. [9] Le Goff, Hochmittelalter (1965) 39 ff.

12

Abb. 3 Fortschritte im Ackerbau:
Beetpflug, Egge und Kummet.

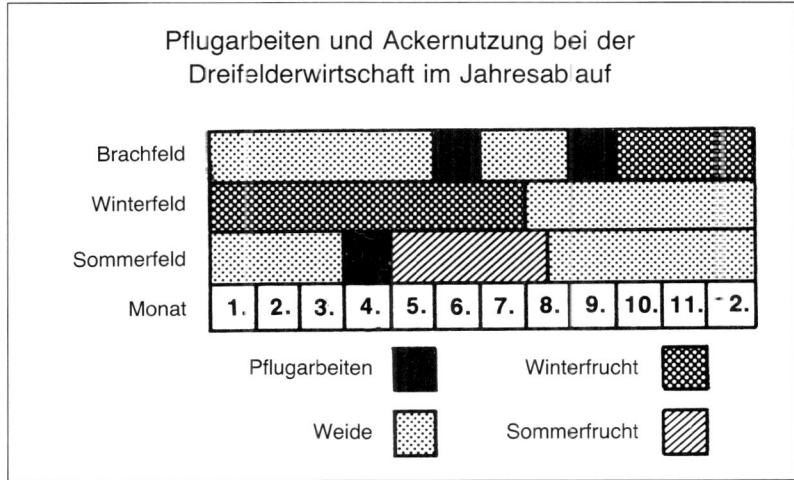

Abb. 4 Dreifelderwirtschaft.

2. läßt sich durch einen regelmäßigen Fruchtwechsel die Nahrungsmittelproduktion qualitativ, aber auch quantitativ steigern.

Dazu erhält eines der Feldstücke Herbstsaat und erbringt Wintergetreide (Weizen, Dinkel und Roggen), das andere wird im Frühjahr mit Hafer, Gerste und Gemüsen (Erbsen, Bohnen, Linsen und bald auch Kohl) bestellt, während das dritte Stück brach liegen bleibt. Im folgenden Jahr erhält das erste Feld den Sommeranbau, das zweite ruht aus, und auf dem dritten baut man Wintergetreide an. Weitere Vorteile der neuen Bodennutzung sind eine Verbesserung des Nährstoffhaushaltes des Bodens, die Zufuhr kräftigender Proteine und die flexiblere Reaktion auf Mißernten in den verschiedenen Jahreszeiten (Abb. 4).

Vorteilhaft wirkt sich auch eine neue Wirtschaftsordnung aus: Denn die ältere Großgrundherrschaft (Villikationsverfassung) mit ihren ganz auf den Herrenhof bezogenen, von Unfreien bewirtschafteten Bauernhufen beginnt sich in salischer Zeit zugunsten der jüngeren Grundherrschaft, der sogenannten *Rentengrundherrschaft,* zu lockern und bis spätestens in staufischer Zeit aufzulösen. In dieser geänderten Agrarverfassung bewirtschaften bäuerliche Pächter in weitgehender Unabhängigkeit ihren Hof, mit der Einschränkung, daß die Hufen einem zentralen Meierhof als Hebestelle für das Gefälle (Einkünfte) zugeordnet sind[10]. Eine sich immer stärker auch am Markt orientierende Wirtschaftsweise fördert durch Arbeitsteilung und Spezialisierung die Ausweitung und Differenzierung des Gewerbes auf dem Lande, insbesondere in Stadtnähe, wo auch die aufkommende Geldwirtschaft weitere Kräfte entbindet.

Die Auflösung oder zumindest die Lockerung der älteren Formen persönlicher und herrschaftlicher Bindungen bewirkte eine hohe soziale Mobilität, die den Status für Einzelpersonen, Familien und institutionalisierte Personenverbände veränderte und neue Formen des Zusammenlebens und der sozialen Zuordnung ermöglichte[11]. Mit dem Wachstum der Städte und ihrer rechtlichen und herrschaftlichen Verselbständigung sonderten sich die Stadtbewohner sowohl von den Adeligen als auch von den Bauern ab. Andererseits erfolgte im 11. Jahrhundert eine Ausweitung des Adelsprädikats, indem zahlreichen Gruppen von bis dahin nichtadeligen Kriegern von freier, aber auch unfreier Herkunft der Aufstieg in selbständigere Herrschaftspositionen durch häufig mit einer ländlichen Lehensgrundherrschaft verbundene Dienststellungen bei dem König, der Reichskirche oder dem Hochadel gelang. Es handelt sich bei diesem für die mittelalterliche Gesellschaft hochbedeutsamen Vorgang um die Herausbildung der M i n i s t e r i a l i t ä t als eines neuen Standes, dessen Träger in den Urkunden als *milites, servientes* oder *ministeriales* bezeichnet werden.

Der Aufstieg dieser Gruppe ehemals unfreier Leute aus dem grundherrschaftlichen Hörigenverband *(familia)* zog die rechtliche Grenze zwischen den adeligen Familien und dem nichtadeligen Volk: denn erst seit dem 11. Jahrhundert taucht im Lateinischen und Deutschen der Begriff »Bauer« auf (lateinisch *rusticanus* oder *villanus,* mittelhochdeutsch *bûre, gebûre*), der für eine ziemlich einheitliche Schicht verwandt wurde, obwohl er sich aus Personen freien, minderfreien und unfreien Standes zusammensetzte und auch hinsichtlich des Besitzumfanges große Unterschiede aufweisen konnte[12]. Ihm gegenüber steht auf dem Lande der »Ritter« *(miles),* der ein unfreier Ministeriale oder ein freier Vasall sein kann. Häufig blieben zwar die Ministerialen noch im Dorfverband, erlangten dann aber als bäuerliche Oberschicht Vorrechte, oder aber sie vermochten sich als Gerichts- oder Ortsherren zwischen die früheren Grundherren und den Hörigenverband *(familia)* zu schieben, so daß dann ein Teil der ehemals totalen Herrschaftsformen – bestehend aus Grundherrschaft, Leibherrschaft, Vogteiherrschaft, Gerichtsherrschaft und den damit verbundenen Abgaben – auf sie überging. Ausdruck ihres neuen, gehobenen Selbstbewußtseins ist die nun aufkommende Sitte der Benennung dieser kleinadeligen Herren nach ihren Wohnsitzen, vor allem, wenn die Familie über eine Burg verfügte: Seit dem 11. Jahrhundert begann zuerst der höhere Adel den Burgennamen auch als Familiennamen zu verwenden, was dann seit dem letzten Viertel des 12. Jahrhunderts auch vom Kleinadel und den Ministerialen übernommen wurde[13].

10 Bosl, Europa im Aufbruch (1980) 241 f.
11 Haverkamp, Aufbruch (1984) 78 ff.

12 Schulze, Verfassung im Mittelalter (1986) Bd. 2, 73 ff.
13 Ebd. 102 f.

DIE VORAUSSETZUNGEN DES SALISCHEN DORFES AUFGRUND DER ARCHÄOLOGISCHEN QUELLEN
(HOF UND DORF IN MEROWINGISCHER UND KAROLINGISCHER ZEIT)

Der Mittelgebirgsraum

Der frühmittelalterliche Hof im Mittelgebirgsraum besteht aus mehreren Gebäuden sehr unterschiedlicher Funktion, die zusammengenommen jeweils die kleinste wirtschaftliche Einheit innerhalb eines größeren Siedlungsverbandes bilden[14]. Unter den Gebäuden hebt sich das Wohnhaus als das Hauptgebäude durch eine besonders aufwendige Bauweise und die meist feste Feuerstelle heraus. Bei den Nebengebäuden erscheinen Scheunen, Ställe, Speicher und Schuppen. Vorrats- und Abfallgruben, gewerbliche Sondergebäude und Brunnen ergänzen den Gebäudebestand, bei dem ausschließlich die Holzbauweise mit in den Boden eingesenkten Tragpfosten Verwendung fand: der bäuerlichen ländlichen Siedlung ist zu dieser Zeit der Steinbau noch fremd.

Die Struktur der Höfe kann verschieden sein: Man unterscheidet je nach Anordnung der Gebäude den »Haufenhof« (bei regelloser Anordnung) vom »Reihenhof« (bei systematischer, paralleler, axialgefluchteter Anlage). Das gleiche Gliederungssystem wird auch auf die Siedlungsform übertragen (»Haufendorf« bei scheinbar willkürlicher, nur von der Wegeführung bestimmter Plazierung der Gehöfte oder »Reihen-« oder »Straßendorf« bei strenger Aufreihung der Höfe entlang der die Siedlung aufschließenden Wegeführung). Hinsichtlich der Siedlungsgröße belegen sowohl die Schriftquellen[15] als auch die archäologischen Untersuchungen bereits für die merowingische Zeit des 5. bis 7. Jahrhunderts ein Nebeneinander von Einzelhof, Gehöftgruppe (Weiler) und Dorf (wobei letzterer Begriff erst dann für eine Gehöftgruppe verwendet werden sollte, wenn eine geschlossene Siedlung mit gemeinsam genutzten Anlagen wie Wegenetz, Dorfanger und Brunnen oder ein planender Wille in der Dorfanlage sichtbar ist[16]. Die Hofeinfriedung scheint überall üblich gewesen zu sein, die Einzäunung des ganzen Dorfes (oder der Siedlung) ist dagegen für das frühe Mittelalter noch nicht belegt. Die Einwohnerzahlen frühmittelalterlicher Siedlungen, geschätzt aufgrund der Analyse merowingischer Gräberfelder und bestätigt durch Schriftquellen, schwanken zwischen 20 bis 30 Bewohnern (= 1 Gehöft), 30 bis 50 Bewohnern (= 2 bis 3 Gehöfte) und 125 bis 300 Bewohnern (= 6 bis 12 Gehöfte), wobei nach den Siedlungsgrabungen die Mittelwerte zwischen 5 und 10 Gehöften gelegen haben dürften.

Die folgenden Ausgrabungsbefunde sollen die verschiedenen Hof- und Dorfformen veranschaulichen. (Zur Lage der frühmittelalterlichen und hochmittelalterlichen Siedlungen siehe Abb. 5.)

Eine Hofanlage der Karolingerzeit mit Kirche und Friedhof aus Krutzen im Kalbacher Feld, Stadt Frankfurt am Main

Bei einer archäologischen Befliegung im Jahr 1983 wurde in einem Getreidefeld zwischen Frankfurt am Main und Bad Homburg ein rechteckiger Grundriß erkannt – Ausgangspunkt eines geradezu sensationellen Ausgrabungsbefundes[17]. Gelang damit doch die Wiederentdeckung einer mittelalterlichen Wallfahrts- und Taufkapelle, deren Anfänge in den Beginn der fränkischen Kolonisation östlich des Rheins zurückführen. Denn sie ließ sich mit einer um 775 erfolgten Schenkung einer Hofstätte und einem Acker, auf dem der Leichenzug des hl. Bonifatius 754 auf dem Weg zu seiner letzten Ruhestätte gerastet haben soll, an das Kloster Fulda verbinden, da die Ausgrabungen mit hoher Wahrscheinlichkeit jenen fränkischen Hof des frühen 8. Jahrhunderts freilegten, der später Gegenstand der Schenkung war.

---

[14] Donat, Haus, Hof und Dorf (1980) 92 ff.
[15] Schwind, Struktur des Dorfes (1977) 492.

[16] Donat, Haus, Hof und Dorf (1980) 133 ff.
[17] Dohrn-Ihmig, Krutzen (1986); Dies., Niddatal (1987).

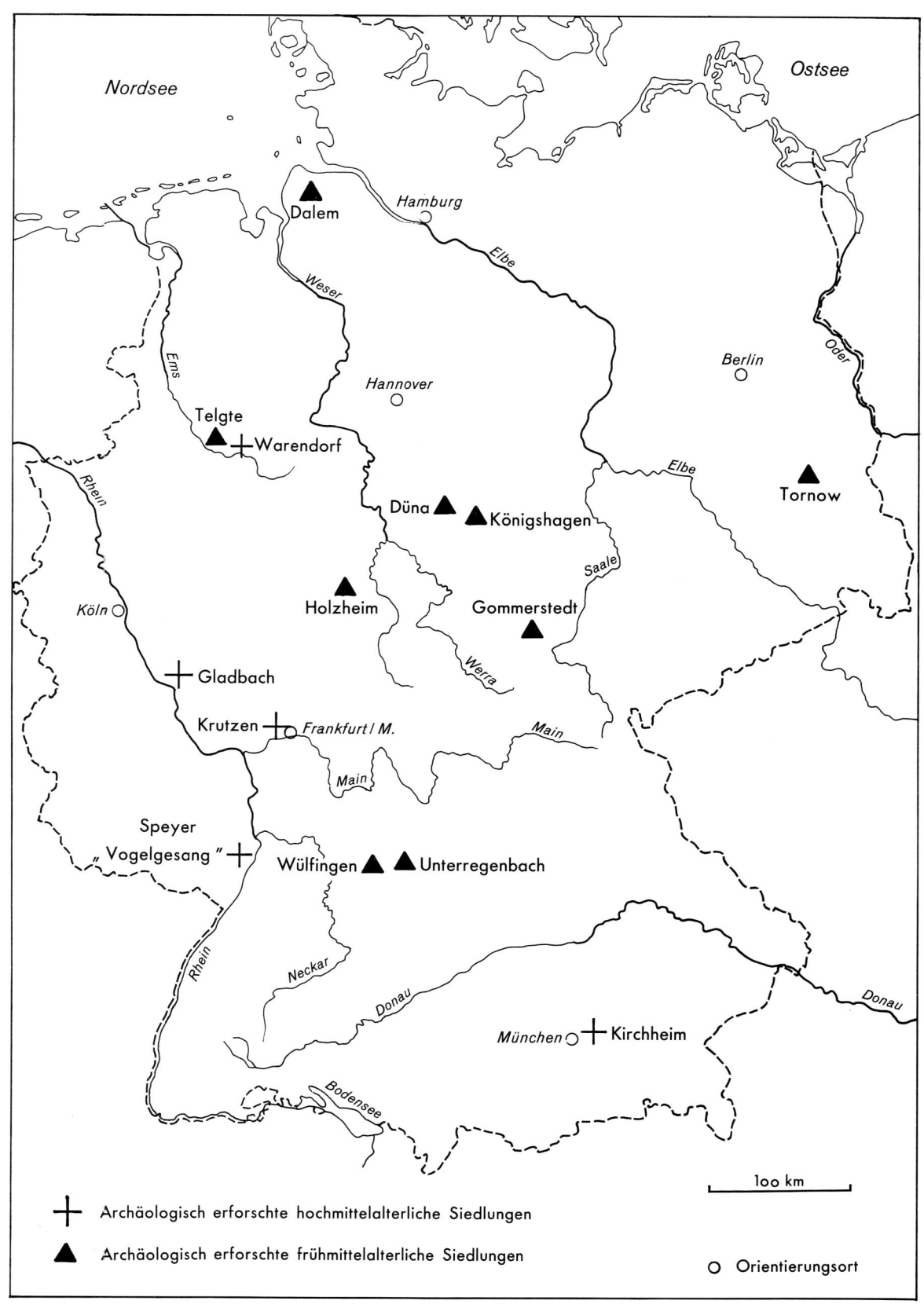

Abb. 5 Archäologisch erforschte früh- und hochmittelalterliche Siedlungen:

Dalem, Kr. Cuxhaven.
Warendorf/Westfalen.
Telgte, Kr. Warendorf.
Tornow, Kr. Calau.
Königshagen, Kr. Osterode.

Düna, Kr. Osterode.
Gommerstedt, Kr. Arnstadt.
Holzheim, Schwalm-Eder-Kreis.
Gladbach, Kr. Neuwied.
Krutzen, Stadt Frankfurt a. M.

Speyer »Vogelgesang«, Stadt Speyer.
Wülfingen, Stadt Forchtenberg.
Unterregenbach, Kr. Schwäbisch Hall.
Kirchheim, Lkr. München.

Abb 6   Gesamtplan der Grabungsbefunde von Krutzen, Stadt Frankfurt a. M. (nach M. Dohrn-Ihmig).

Hauptgebäude der Hofstellen ist ein großer schiffsförmiger Bau von 28 m Länge und 7 m größter Breite mit einer Mittelpfostenreihe und mehreren Raumabteilungen (Abb. 6). Alle tragenden Hölzer waren in den Boden eingelassen. Nach Osten und Norden schlossen sich mehrere Nebengebäude an, die aber ausschließlich aus eingetieften kleinen Kellerbauten, den sogenannten Grubenhäusern, bestanden. Während das Großhaus wohl ein Wohn-Stall-Gebäude gewesen sein wird, dienten jeweils vier bis fünf Grubenhäuser als Speicher oder eingetiefte Werkstätten. Eine 8 × 6 m große Holzpfostenkirche mit eingezogenem quadratischen Chor lag, umgeben von Bestattungen, 40 m östlich des Wirtschaftshofes und wird als Eigenkirche des Hofherrn mit dem Wirtschaftshof eine bauliche Einheit gebildet haben (Abb. 7).

Abb. 7   Rekonstruktion des fränkischen Wirtschaftshofes mit der zugehörigen »Eigenkirche«, dem alten Friedhof und dem kleinen Pfarrhaus (nach M. Dohrn-Ihmig).

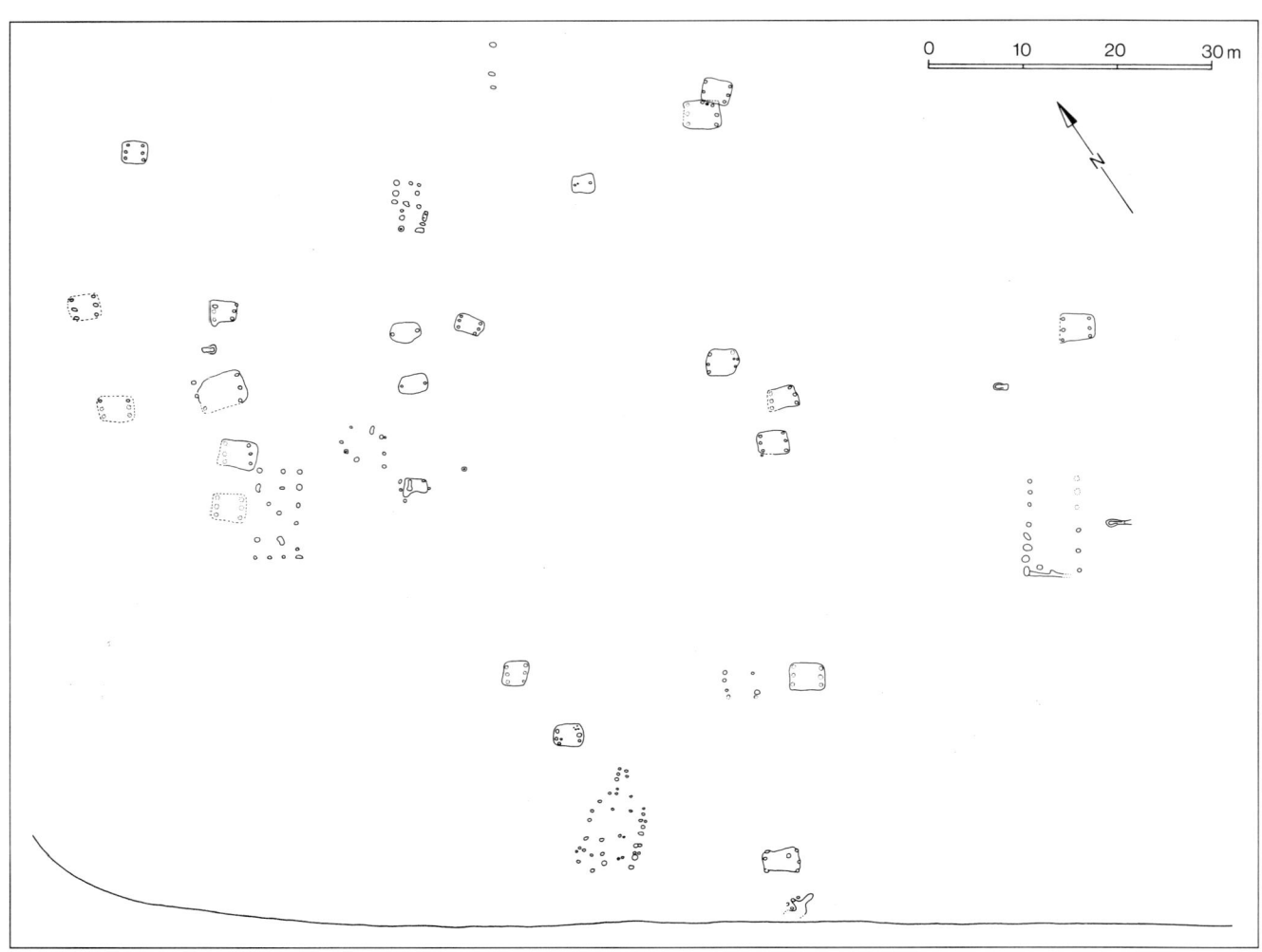

Abb. 8   Speyer. Frühmittelalterliche Siedlung »Vogelgesang« – Winternheim.
Ausschnitt aus dem merowingischen Siedlungsbereich.

Eine Gehöftgruppe der Merowingerzeit aus Speyer »Vogelgesang«-Winternheim

Im Zuge der Erschließung eines Neubaugeländes im Süden der Stadt Speyer wurden seit 1978 in einer großräumigen Plangrabung große Teile einer ausgedehnten frühmittelalterlichen Siedlung freigelegt[18]. Der merowingische Siedlungsbereich des 6. und 7. Jahrhunderts zeigt locker über die Siedlungsfläche verteilte Baugrundrisse von ebenerdigen Wohnbauten von 6×10 m, etwas kleinere Gebäude mit Mittelpfosten, die vielleicht Scheunen oder Ställe gewesen sein dürften, und einige wenige Gebäude mit quadratischen Pfostensetzungen, die wohl als gestelzte Speicher (Getreide- oder Heubergen) dienten. In unmittelbarer Nachbarschaft liegen die zahlenmäßig dominierenden, eingetieften, meist rechteckigen Grubenhäuser, in denen überwiegend Textilarbeiten getätigt wurden (Webkeller). Der Planausschnitt (Abb. 8) läßt eine Gehöftgruppe aus wenigstens drei gleichzeitig bestehenden Hofstellen erkennen. Innerhalb des Hofbereiches erscheinen die Nebengebäude zwar locker um das Haupthaus angeordnet, jedoch entsteht durch die gleichmäßige Orientierung aller Gebäude nach Nordosten das Bild einer kleinen, recht systematisch gegliederten Reihensiedlung.

18 Bernhard, Speyer »Vogelgesang« (1982).

18

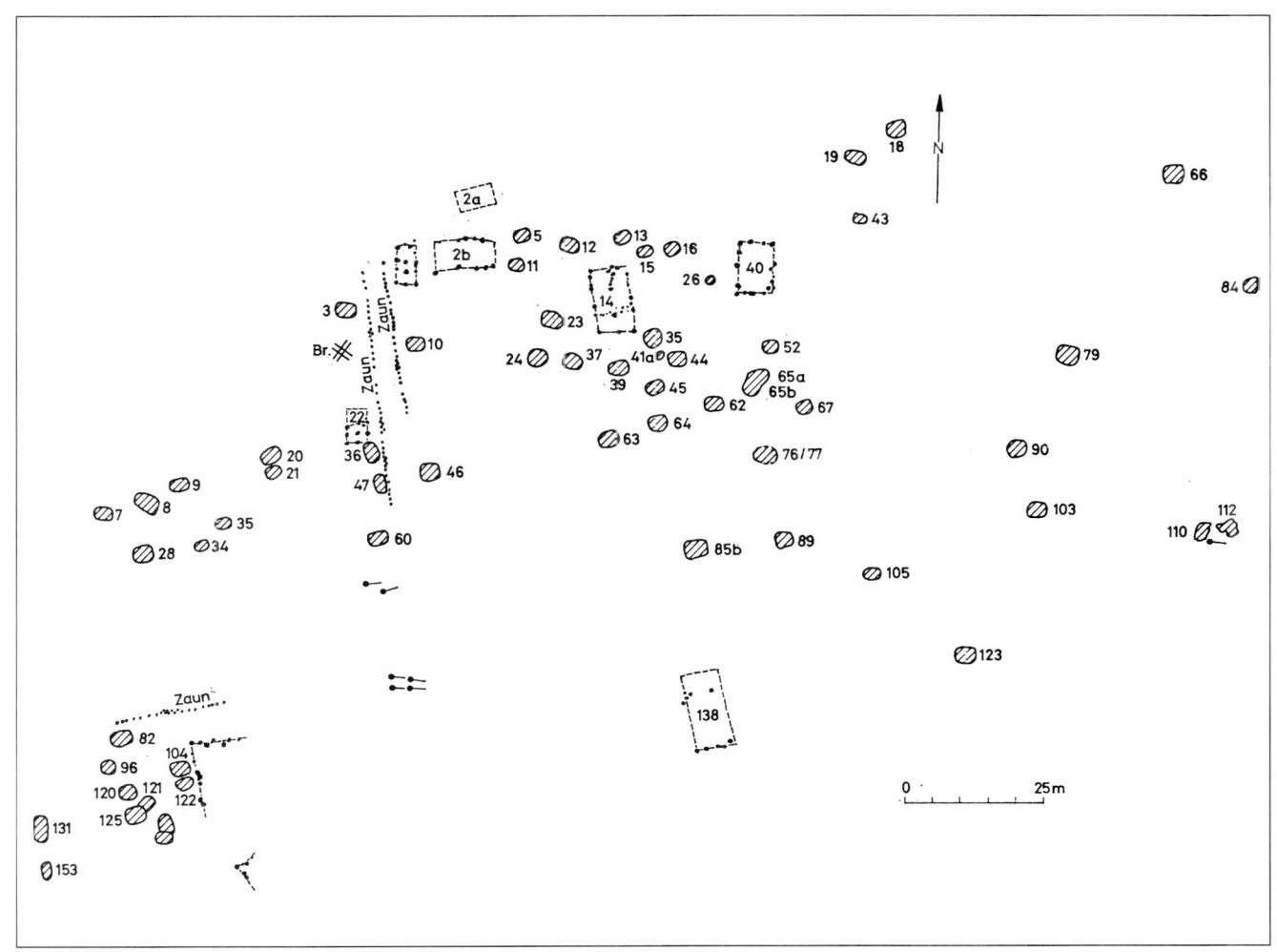

Abb. 9   Gladbach, Kr. Neuwied. Gesamtplan der frühmittelalterlichen Ausgrabungsbefunde.

Eine Siedlung der Merowinger- und Karolingerzeit aus Gladbach, Kreis Neuwied

Die fränkische Siedlung bei dem heutigen Ort Neuwied-Gladbach gehört seit ihrer archäologischen Untersuchung im Jahr 1937 wegen ihres Umfanges und der günstigen Erhaltungsbedingungen (die Siedlung liegt unter einer zum Teil mehrere Meter starken Bimsschicht, deren Abbau auch die Entdeckung verdankt wird) zu den »klassischen« mitteldeutschen Siedlungsgrabungen überhaupt. Zu einer abschließenden Befundvorlage ist es allerdings nie gekommen, so daß man sich bis heute nur auf einen Teilplan stützen kann[19].

Insgesamt wurden die Reste von vier oder fünf Gehöften erfaßt, ohne daß allerdings eine Grenze der Besiedlung erreicht worden war. Der vorliegende Gesamtplan läßt erkennen, daß die Höfe entlang eines oder mehrerer Wege gegenständig in der Art eines Straßendorfes aufgereiht waren. Auf dem zumindest teilweise eingezäunten Hofraum von 2100 m² standen ein Wohnhaus (ein Pfostenhaus von 10,4 × 6,5 m), zwei etwas kleinere ebenerdige Nebenhäuser, ein »gestelzter« Pfostenspeicher (von 4–5 m) und eine größere Zahl ehemals hüfthoch eingetiefter Grubenhäuser (von meist 3 × 4 m) (Abb. 9).

---

19 Zuletzt Sage, Gladbach (1969).

19

Abb. 10 Diorama des fränkischen Dorfes bei Gladbach, Kr. Neuwied (nach W. Sage).

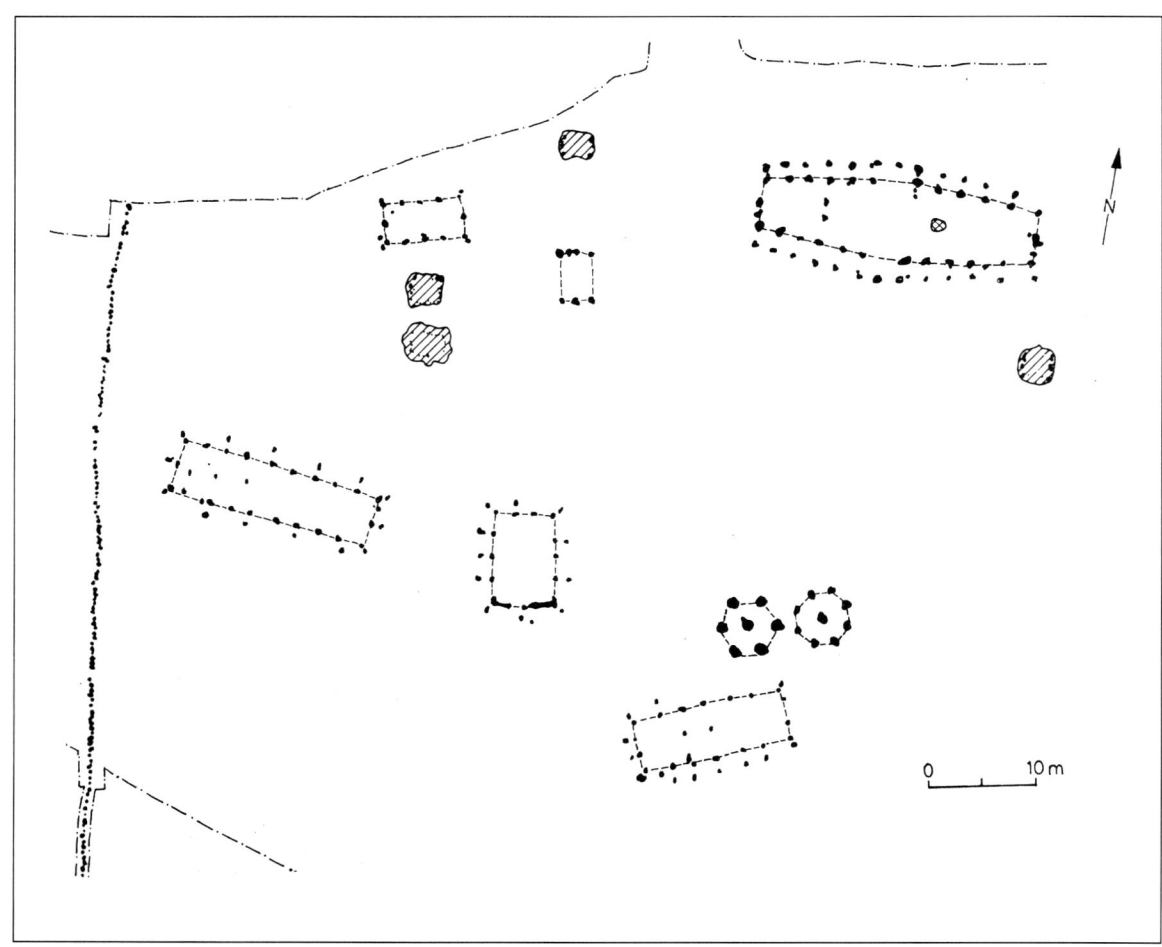

Abb. 11 Warendorf/Westf. Frühmittelalterliches Gehöft der Phase 4.

Die Übereinstimmung mit dem Befund von Speyer »Vogelgesang« ist deutlich: Alle Gebäude sind Pfostenbauten, die in einem locker gefügten Vielhausgehöft axial oder fluchtend auf das Hauptgebäude ausgerichtet sind. Wohnung und Stall sind in verschiedenen Gebäuden untergebracht, die Grubenhäuser dienen wiederum bevorzugt Vorratszwecken oder als Webhäuser, möglicherweise auch als Schmiedewerkstätten. Auch die Hoffläche kann an beiden Orten ähnlich groß gewesen sein. Die scheinbar dichtere Bebauung in Gladbach mag aus einer Mehrperiodigkeit herrühren. Wenn man sich die Zahl der Grubenbauten etwas reduziert vorstellt, dann liefert das aufgrund der Gladbacher Befunde erstellte Diorama (Abb. 10) ein gewiß zutreffendes Bild einer kleinen frühmittelalterlichen Siedlung im deutschen Mittelgebirgsraum.

EXKURS:
FRÜHMITTELALTERLICHE GEHÖFT- UND DORFFORMEN
AUSSERHALB DES MITTELGEBIRGSRAUMES

Eine Gehöftanlage der Merowinger-/Karolingerzeit aus Warendorf/Westf.

Die 1951 erfolgten Grabungen in der in das späte 7. Jahrhundert bis in die Zeit um 800 zu datierenden Siedlung bei Warendorf gehören noch immer zu den größten und bestdokumentierten deutschen Siedlungsgrabungen[20].

Der Vergleich mit Gladbach zeigt für das norddeutsche Tiefland völlig andere Dimensionen: Das Warendorfer Gehöft weist nämlich einen wegen der erhaltenen Zäune sicher bestimmbaren Hofraum von 10000 m² auf, ist also fast fünfmal so groß wie ein vergleichbares Gehöft im Mittelgebirgsraum! Die Hofbebauung lieferte eine Vielzahl unterschiedlicher Gebäudeformen (Abb. 11): darunter Wohnhäuser von 5–7 m Breite und 25–30 m Länge mit schiffsförmigem Grundriß, stützenfreiem Innenraum und schrägen Außenpfosten, Mitteleingang, einem Herd im Hauptraum und einem abgetrennten Nebenraum im Westen. Die Ställe oder Scheunen waren in mittelgroßen Pfostenhäusern (von 4–5×14–16 m) mit stützenfreiem Innenraum untergebracht. Kleinere Pfostenbauten ähnlicher Konstruktion werden den *servi* zugesprochen. Sechs- und achteckige Kleinbauten mit starken Mittelpfosten sind wohl Bestandteile von Getreide- und Heubergen gewesen, wie sie auch aus dem Mittelgebirgsraum bekannt sind. Auch die Warendorfer Grubenhäuser finden dort gute Entsprechungen.

Die frühmittelalterliche Siedlung bei Warendorf bestand vermutlich aus vier bis fünf Gehöften gleicher Größe. Wenn auch ihr Reichtum selbst im Niederdeutschen Raum eine Ausnahme dargestellt haben dürfte, so sind die Hausformen des Warendorf-Typs doch als charakteristisch für diese Hauslandschaft anzusehen (Abb. 12).

Ein Dorf der merowingisch-karolingischen Zeit aus Kirchheim, Landkreis München (Oberbayern)

In zwei Abschnitten (1970 und 1980) wurde im Kies der Münchener Schotterebene die bislang größte zusammenhängende Fläche in einem frühmittelalterlichen Dorf des späten 7. und 8. Jahrhunderts aufgedeckt. Bedauerlicherweise liegen auch hier bisher nur Vorberichte vor[21].

Die Grabungen sprengten allerdings alle bisher bekannten Größenschätzungen für ein Dorf des frühen Mittelalters: Denn dieses bajuwarische Dorf hatte eine Ost-West-Ausdehnung von 500 m und eine Nordsüd-Erstreckung von mindestens 300 m. Davon wurden aber lediglich etwa 30 ebenerdige Pfostenbauten, 40 Grubenhäuser und 10 Brunnen von 6 m Tiefe ausgegraben, ferner zwei kleine

---

20 Winkelmann, Warendorf (1958).

21 Christlein, Kirchheim (1980); Ders., Frühmittelalterliche Siedlung von Kirchheim (1982).

Abb. 12   Warendorf/Westf. Rekonstruktionen frühmittelalterlicher Haustypen.

Abb. 13a Kirchheim, Lkr. München. Schematisierter Gesamtplan der Ausgrabungsbefunde (Frühmittelalterliche Befunde: 1 = Dorfplatz, 2 = Dorfstraße, 3 = Pfostenbau, 4 = Brunnen, 5 = Grubenhaus, 6 = Friedhof und 10 = Ackerbeete. Die Befunde 7–9 gehören in die Eisenzeit, 11 ist ein moderner Kanalschacht).

Abb. 13b Kirchheim, Lkr. München. Blick in die südliche Dorfstraße von Norden. Bauzustand des frühen 8. Jahrhunderts (Rekonstruktionsversuch).

Friedhöfe, die bemerkenswerterweise an einer Dorfstraße inmitten der Siedlung angelegt waren (Abb. 13a). Etwa ein Dutzend Höfe wurde bei den Grabungsarbeiten angeschnitten, die ganze Siedlung dürfte aber doppelt so groß gewesen sein. Demnach müßten, bei durchschnittlich 10 Personen pro Hof, im karolingischen Kirchheim etwa 250 Menschen gelebt haben. Der Siedlungsgrundriß zeigt eine lineargeordnete Aufreihung der Gehöfte entlang der die zentrale Achse bildenden, manchmal auch platzartig erweiterten Dorfstraße (Straßendorf). Drei verschiedene Pfostenbauten werden als Wohnhäuser (5,5×8,5 m), Scheunen oder Ställe (5×12–13,5 m) und Getreidebergen (3,2×3,2 m) gedeutet. Hinzu kommen rechteckige Grubenhäuser von 2,5×3,5 m (Ab. 13b).

EIN SALISCHES DORF – EIN IDEALBILD

Entworfen nach archäologischen Befunden, vornehmlich in einer nordhessischen Wüstung

Das Bildpanorama zeigt, von einem erhöhten Standpunkt aus, ein kleines Dorf in einem auf allen Seiten von Berghängen umschlossenen Tal. Der Siedlungsbereich umfaßt mehrere, über das gesamte Bild gestreute, umfriedete, mehrhäusige Gehöfte, außerdem eine Kirche mit Friedhof im linken Vordergrund und einen von Gebäuden umgebenen steinernen Turm im mittleren Hintergrund. Das Dorf erstreckt sich von einem sanft vom Vorder- in den Mittelgrund abfallenden Hang in eine muldenförmige Talebene im Zentrum des Bildes, das von einem von Bäumen, Röhricht und Büschen gesäumten Bachlauf durchzogen wird. Den Siedlungsbereich begrenzen ausgedehnte Wiesen und unterschiedlich bestellte Ackerstreifen, die sich auf fast allen Seiten die sanft ansteigenden Hänge bis an die den Bildausschnitt einrahmenden Waldränder emporziehen. Zahlreiche Fahrwege verbinden die Gebäudekomplexe untereinander. Eine Fahrstraße zieht sich, bei dem Übergang über den Bach vom Steinturm kontrolliert, durch den Hintergrund des Bildes und einen Teil des Dorfes: Sie bewirkt die Einbindung des Dorfes in die weitere Umgebung.

Eine nähere Betrachtung liefert auch Einblicke in das Leben und Arbeiten im Dorf. So werden zum Beispiel auf dem großen, mit Palisaden und Graben geschützten Hof im Vordergrund Lasten auf einem Schubkarren (Bockkarren) transportiert, Körbe geflochten, ein Wagenrad repariert und aufgehängte Tücher (oder Häute) für die auf dem Hof getätigte Textilverarbeitung vorbereitet, im Hof unterhalb der Kirche wird ein Holzfaß geböttchert, in einem Hof im Mittelgrund werden Säcke in einem Grubenhaus eingelagert, im Vordergrund rechts wird ein Grubenhaus gebaut und in einem Hof mehr im Dorfzentrum die Flechtwand eines Hauses ausgebessert. Wir sehen das Binden von Getreidegarben auf dem Feld und das Beerensammeln der Frauen im Garten vor dem Hof. Auf der Dorfstraße ziehen Ochsen einen Leiterwagen, bewegen sich Menschen mit Hunden und Reiter auf Pferden. Im Bach wird geangelt. Im linken Hintergrund nähert sich auf der Fernstraße ein vierrädriger Frachtwagen (Planwagen) dem Dorf, das soeben im Vordergrund ein Reisender mit seinem schwerbeladenen Pferd betritt. Von den Tieren des Dorfes sehen wir Geflügel, Ziegen und Schafe auf den Höfen, Kühe auf der Weide und Schweine im lichten Gehölz bei der Eichelmast.

Ein vielfältiges Dorfleben zeigt das Bild, aber auch der Bereich des Todes wird nicht ausgespart: Im Vordergrund werden wir Zeuge einer Beerdigung auf dem Dorffriedhof und sehen, wie der Leichenzug sich dem offenen Grab nähert.

Das Bild stellt den Versuch dar, ein »idealtypisches« salisches Dorf im Landschaftsraum der Mittelgebirgsschwelle zeichnerisch zu rekonstruieren. Dies bleibt allerdings trotz der recht günstigen Forschungssituation immer noch ein Wagnis, und nichts wäre falscher als die Behauptung: So (und nicht anders) ist es gewesen! Dabei erscheint der Gesamteindruck (das heißt die Lage der Gehöfte, der Kirche und die Infrastruktur) noch einigermaßen abgesichert – liegen dem doch gut dokumentierte archäologische Befunde zugrunde. Dagegen bleiben aber in der zeichnerischen Umsetzung der Details doch erhebliche Unsicherheiten. Dieses betrifft insbesondere alles Aufgehende der Gebäude (Häuser, Kirche und Turm), aber auch das Aussehen der Zäune und Brücken, denn deren über die Erde reichende Holzbauteile waren meist schon nach wenigen Generationen vergangen, und selbst dort, wo der Steinbau Eingang fand, wurden diese Bauteile bald ersetzt.

Einen gewissen Ersatz liefern Bilderhandschriften, vor allem die seit dem 14. Jahrhundert einsetzenden Stundenbücher, die in ihren Kalenderillustrationen eine Fülle gerade aus dem bäuerlichen Leben geschöpfter und, wie der Vergleich mit Bodenfunden beweist, wirklichkeitsnaher Informationen bereitstellen[22]. Verwendet man diese Vorlagen vorsichtig-zurückhaltend, das heißt stets mit der

---

22 Hansen, Kalenderminiaturen (1984).

24

25

Tendenz zur Vereinfachng der Bildaussage, so können auch die Rekonstruktionen der Baukörper unseres Bildes einen hohen Grad von Wahrscheinlichkeit beanspruchen.

Als Gesamtbild basiert unsere Zeichnung jedoch in erster Linie auf den Ergebnissen der Ausgrabung in der *Wüstung Holzheim bei Fritzlar/Hessen*, deren Befunde (und Funde) soweit wie irgend möglich eingearbeitet wurden [23]. Auch in der Topographie unseres rekonstruierten Dorfes und seiner Einfügung in den Naturraum wurde eine enge Anlehnung an das historische Vorbild vorgenommen. Da aber bisher erst kaum mehr als ein Achtel der gesamten ehemaligen Dorffläche Holzheims (10,5 ha!) untersucht werden konnte, mußten einige Bereiche des gezeichneten Dorfes – dies betraf vor allem einige Höfe in der Mitte unseres Bildes – interpoliert werden (wofür allerdings vergleichbare Befunde aus anderen Bereichen Holzheims zur Verfügung standen). Die Gesamtaussage jedoch wird im wesentlichen bestimmt von den das Dorfbild prägenden Baukomplexen der Dorfherrschaft (steinerner Herrensitz, befestigter Herrenhof und Eigenkirche mit Friedhof). Sie wurden im Verlaufe der langjährigen Grabungen hier erstmals für die salische Zeit vollständig freigelegt.

Wenn auch Holzheim als die gegenwärtig am umfassendsten ausgegrabene hochmittelalterliche Siedlung in Deutschlands Mittelgebirgsraum angesprochen werden kann, so darf doch die Frage nicht übergangen werden, ob die Ergebnisse von Holzheim als repräsentativ für die salische Epoche anzusehen sind. Um dieses schwierige Problem zutreffend einschätzen zu können, werden bei der folgenden Analyse des Bildes möglichst alle (publizierten) Befunde von salischen Ausgrabungsplätzen herangezogen. Erst aus dieser Gesamtschau aller Ergebnisse werden die allgemeinen oder idealtypischen Züge des salischen Dorfes, aber auch seine möglichen regionalen Ausprägungen hervortreten.

23 Der Ort wird 1040 erstmals urkundlich erwähnt. Reichsgut ist für die vorangehende Zeit gesichert: Holzheim scheint in karolingischer Zeit die Villikation für die fränkische Großburg auf dem nahen Büraberg gewesen zu sein. Seit 1207 ist ein Ortsadel (von Holzheim) belegt. 1427 wurde das Dorf in den Auseinandersetzungen zwischen dem letzten Dorfherrn, dem Erzbischof von Mainz, und dem Landgrafen von Hessen zerstört und bald danach aufgelassen. Die archäologischen Untersuchungen (als Forschungsvorhaben der DFG unter Leitung des Verfassers seit 1980) haben eine ausgedehnte eisenzeitliche Siedlung (Ha B bis Lt B2/C1, d.h. vom etwa 8. bis zur Mitte des 3. Jahrhunderts v. Chr.) ermittelt, die nach einem Siedlungsabbruch mit ständig steigender Bedeutung als Ortschaft seit 200 n. Chr. bis 1427 kontinuierlich unterhalten wird. Holzheim gehört damit archäologisch zu einer der größten und dauerhaftesten mittelalterlichen Siedlungen Deutschlands. Die abschließende Publikation wird in den Kasseler Beitr. zur Vor- und Frühgesch. 6 (1991) mit zahlreichen Detailstudien erscheinen. Für die salische Epoche siehe Wand, Holzheim in salischer Zeit (1991).

DIE BILDELEMENTE – ERLÄUTERT NACH ARCHÄOLOGISCHEN BEFUNDEN: EINE REISE IN DIE SALISCHE ZEIT

DIE LAGE DES SIEDLUNGSPLATZES
(Varianten eines Lagetyps)

Der Platzwahl kam entscheidendes Gewicht für das Wachsen und Gedeihen einer Siedlung zu. Die Ansichten über die »ideale Lage« waren aber im Laufe der Zeiten durchaus sehr verschieden: Am Beispiel Holzheims fällt auf, daß sich die Gehöfte der eisenzeitlichen Siedlung des 6. bis 3. Jahrhunderts v. Chr. am Hang entlang parallel zu den Höhenlinien mit Blick nach Südosten ausbreiteten, während die nachfolgende Siedlung der römischen Kaiserzeit (des 2. bis 4. Jahrhunderts n. Chr.) die Bachnähe am Hangfuß wählte. Die salische Epoche geht wieder von den Vorteilen der Eisenzeit aus: Das Dorf beginnt mit seinen höchstgelegenen Gebäuden (der Kirche und dem Herrenhof) unmittelbar unter der Kuppe eines Hügels und zieht sich – mit seiner Bebauung dem nach Osten beziehungsweise Nordosten sanft abfallenden Schlepphang folgend – bis auf den ausgeschwemmten Schuttfächer eines Bachlaufes am Beginn der Niederterrasse herunter. Der Höhenunterschied zwischen dem Rand der Hochterrasse und der Niederterrasse beträgt etwa 30 m (Abb. 14). Ähnlich ist die Lage des auch in salischer Zeit bestehenden Siedlungsplatzes Düna, der sich im Schutz eines nördlich an eine Quellmulde grenzenden Hügels nach Süden öffnet[24]. Die salischen Dörfer in Unterregenbach (an der Jagst)[24] und in Wülfingen (am Kocher)[26] liegen dagegen im Tal, jedoch auch auf hochwasserfreien Schuttfächern von in der Nähe der Siedlung in einen Fluß einmündenden Bachläufen (Abb. 15). Es liegen demnach für die Siedlungsanlage salischer Dörfer zumindest zwei Varianten vor, für die aber hochwasserfreie Bachnähe gemeinsam ist. Beide sind als sehr günstige Lagetypen anzusehen und gewiß vorteilhafter als etwa die Siedlungslage in einem Bachtal, die, wenn nicht natürlich vorhanden, zumindest künstlich aufgeschüttete Erhöhungen wie in der um 1130/1140 gegründeten, schon der ersten Rodungsphase zugehörenden Wüstung Königshagen bei Barbis/Harz notwendig machte[27].

Die Platzwahl einer Siedlung war auch wesentlich mitbestimmt von einer möglichen Anbindung an das Verkehrsnetz des weiteren Siedlungsraumes. Für bedeutsamere salische Dörfer scheint sogar die Lage an wenigstens einer Fernhandelsstraße konstitutiv gewesen zu sein: So wurde für Holzheim eine Gabellage zwischen zwei als Reichsstraßen überlieferten Fernwegen gewählt[28], Düna lag an der bedeutsamen Fernhandelsstraße über Osterode nach Pöhlde am Harz[29], die vom 8. bis 14. Jahrhundert bestehende Wüstung Gommerstedt bei Arnstadt/Thüringen an einer der ältesten Paßstraßen über den Thüringer Wald[30] und Unterregenbach an der Jagstfurt einer Altstraße von Straßburg–Heilbronn nach Nürnberg[31]. Auch für die salische Epoche gilt jedoch, daß neben den anthropogenen Faktoren naturräumliche Vorgaben wie Bodenqualität, Klima und Bodenbewachsung zumindest gleich bedeutsam für die Platzwahl der Siedlung gewesen sind. Denn die Wirtschaftbedingungen müssen sowohl für den Ackerbau und die Viehwirtschaft als auch für Handwerk und Gewerbe gute Voraussetzungen geboten haben.

Die Feldflur des Dorfes Holzheim zum Beispiel wies in salischer Zeit (und noch heute) gute bis sehr gute Bodenqualität infolge bis zu 2 m mächtiger (Löß-)Parabraunerden und Brauner Auelehmböden auf. Die

24 Steinau, Düna (1986) 10.
25 Fehring, Unterregenbach; Schäfer/Stachel, Unterregenbach (1989).
26 Schulze-Dörrlamm, Wülfingen (1991).
27 Janssen, Königshagen (1970). Allgemein zu Lagetypen mittelalterlicher Dörfer Ders., Dorf und Dorfformen (1977) 291 ff.

28 Wand, Holzheim in salischer Zeit (1991) 170 f.
29 Steinau, Düna (1986) 13.
30 Timpel, Gommerstedt (1982) 11 f.
31 Fehring, Unterregenbach, Bd. 1 (1972) 13.

Abb. 14   Die Siedlungslage des salischen Dorfes Holzheim: Blick nach Osten über den ehemaligen Kirchhof des Dorfes in die Ederaue nach Fritzlar.

Abb. 15   Die Siedlungslage des salischen Dorfes Unterregenbach a. d. Jagst nach Osten.

Böden waren zudem allgemein frisch, schwachsauer und relativ stickstoffreich. In den Wäldern um das Dorf, die das Bauholz lieferten und zur Hute genutzt wurden, konnte vorwiegend auf Rotbuche und Eiche, in den Niederwaldbeständen auf Erle, Weide, Haselnuß und Birke zurückgegriffen werden. Klimatisch war der Siedlungsraum durch recht geringe jährliche Niederschläge (zwischen 550 und 600 mm) wegen seiner Lage im Regenschatten des Kellerwaldes begünstigt[32]. Für die Siedlung Düna bei Osterode/Harz haben paläo-ethnobotanische Untersuchungen weitgehend übereinstimmende Siedlungsbedingungen mit Holzheim aufgezeigt[33].

DORFFORM UND INNERDÖRFLICHE VERKEHRSWEGE
(auf dem Wege zur »Demokratisierung« des Dorfbildes)

Unser Schaubild zeigt auf den ersten Blick scheinbar locker über den Siedlungsbereich gestreute Gehöfte. Bei näherer Betrachtung erweist sich allerdings eine Verdichtung der Hofstellen auf wenigstens zwei Stellen, nämlich um den steinernen Turm und den großen Hof im Vordergrund (man beachte die Neuanlage eines weiteren Hofes im rechten Vordergrund). Weiterhin wird deutlich: Das innerdörfliche Wegenetz dient noch vorwiegend der Verbindung der Hofstellen untereinander. Das Dorf nimmt also vom Dorftyp her eine Stellung zwischen einem strengen, gelenkten Dorfplan, wie er im Frühmittelalter üblich war[34], und einem Haufendorf ein, das durch innerdörfliche Straßenführungen, an denen die Gehöfte liegen, charakterisiert ist.

Ein Vergleich mit dem aufgrund der archäologischen Befunde rekonstruierbaren Siedlungsgrundriß des Dorfes Holzheim (um 1100) läßt die Orientierung der bäuerlichen Wirtschaftsbetriebe auf die herrschaftlichen Dorfkomplexe (Siedlungskerne) noch deutlicher hervortreten. Dieses, auch topographisch markante Merkmal des salischen Dorfes, soweit es eine im Ort ansässige Dorfherrschaft besaß[35], bestätigt auch die Wüstung Gommerstedt: denn in deren hochmittelalterlicher Siedlungsperiode III (zweite Hälfte des 11. bis zum Ende des 12. Jahrhunderts) liegen die vier Hofstätten, halbkreisförmig plaziert, zu Füßen des burglichen Herrensitzes (einer Motte) (Abb. 16)[36]. Die gleiche Dorfform weist auch noch das frühstaufische Königshagen mit 13 auf eine zentrale Befestigung orientierten Hofstellen auf[37].

In der spätmittelalterlichen Zeit ist die Weiterentwicklung der hochmittelalterlichen Siedlungsform zum Haufendorf abgeschlossen: Der Grundriß ist nun völlig regellos (oder positiv ausgedrückt: »demokratisiert«) und wird allein vom ausschließlich zweckorientierten Wegenetz bestimmt (Abb. 17). Im Gegensatz zu diesem nun im Mittelgebirgsraum dominierenden Dorftyp führt in staufischer und spätmittelalterlicher Zeit die Rodungstätigkeit in den Neulandgebieten Ostdeutschlands und Osteuropas meist wieder wie im Frühmittelalter zu planmäßigen Siedlungsanlagen wie Rundling, Angerdorf, Straßendorf und Waldhufendorf (Abb. 18)[38].

32 Siehe die paläo-ethnobotanischen Untersuchungen von U. Willerding (Göttingen) und den geographischen Beitrag von W. W. Jungmann (Marburg) in der abschließenden Publikation der Grabungen in Holzheim (voraussichtlich Kasseler Beitr. zur Vor- und Frühgesch. 6) (1991).
33 Willerding, Paläo-ethnobotanische Ergebnisse aus Düna (1986).

34 Siehe S. 15ff.
35 Bei Wülfingen ist eine Überprüfung des Siedlungsplanes wegen des zu kleinen Siedlungsausschnittes nicht möglich.
36 Timpel, Gommerstedt (1982) 30ff.
37 Janssen, Königshagen (1970) 101ff.
38 Rösener, Bauern (1985) 45ff.

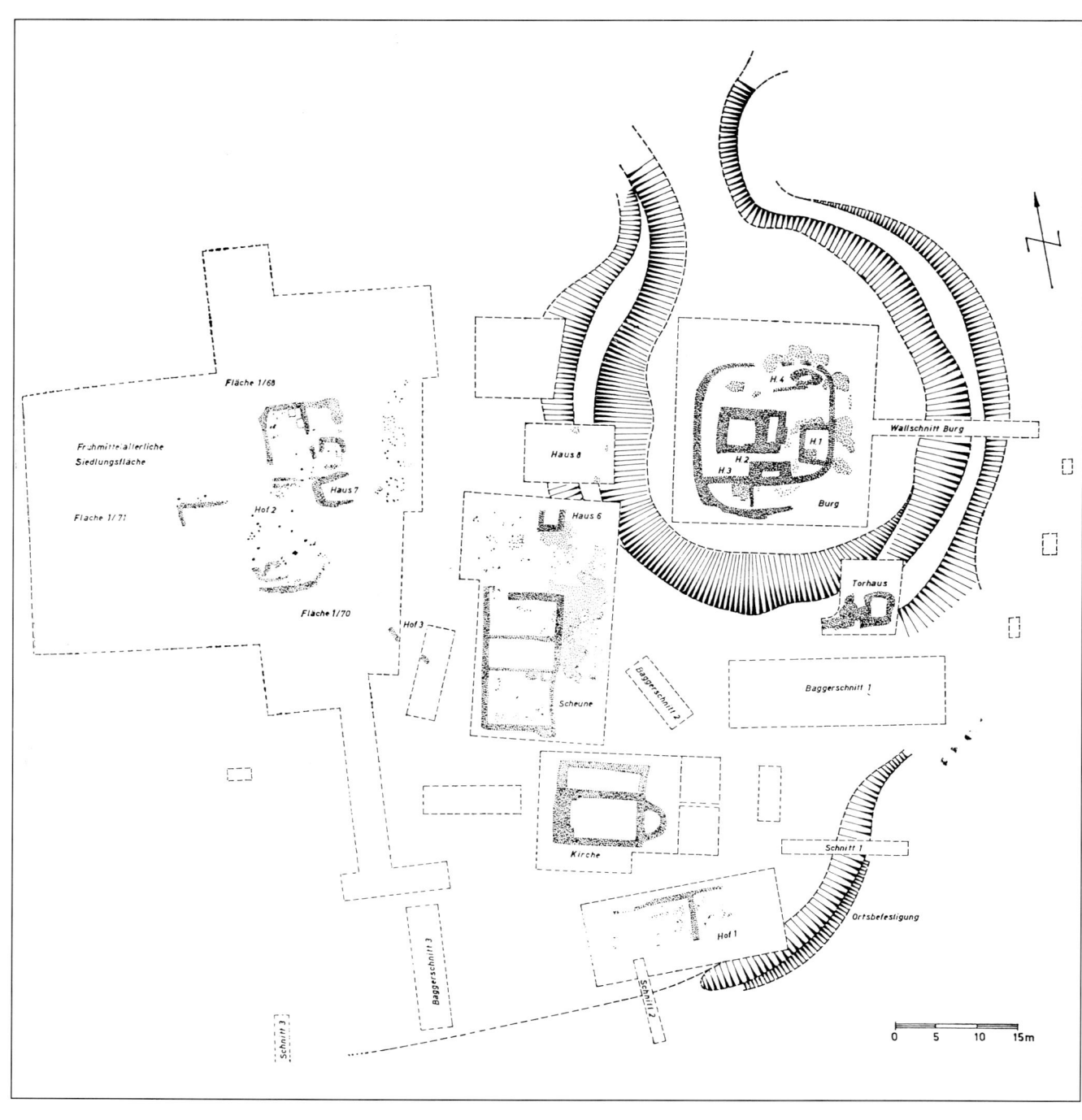

Abb. 16   Die Wüstung Gommerstedt, Kr. Arnstadt. Übersicht über die Grabungsflächen und die freigelegten Gebäudekomplexe.

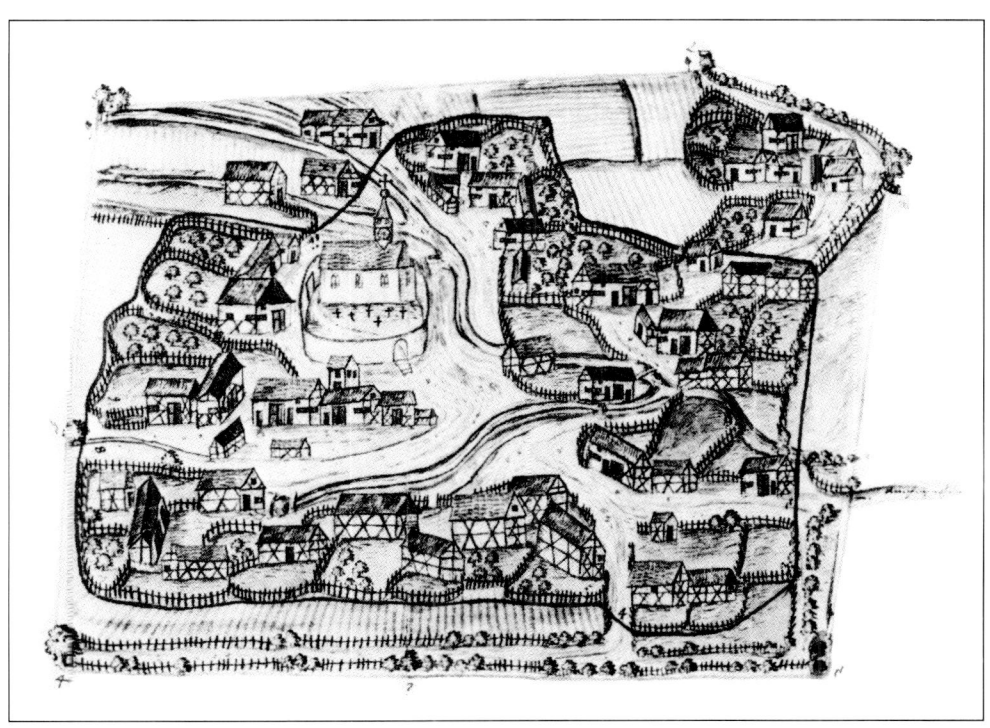

Abb. 17   Das Haufendorf Heudorf, Kr. Konstanz, im Jahr 1576.

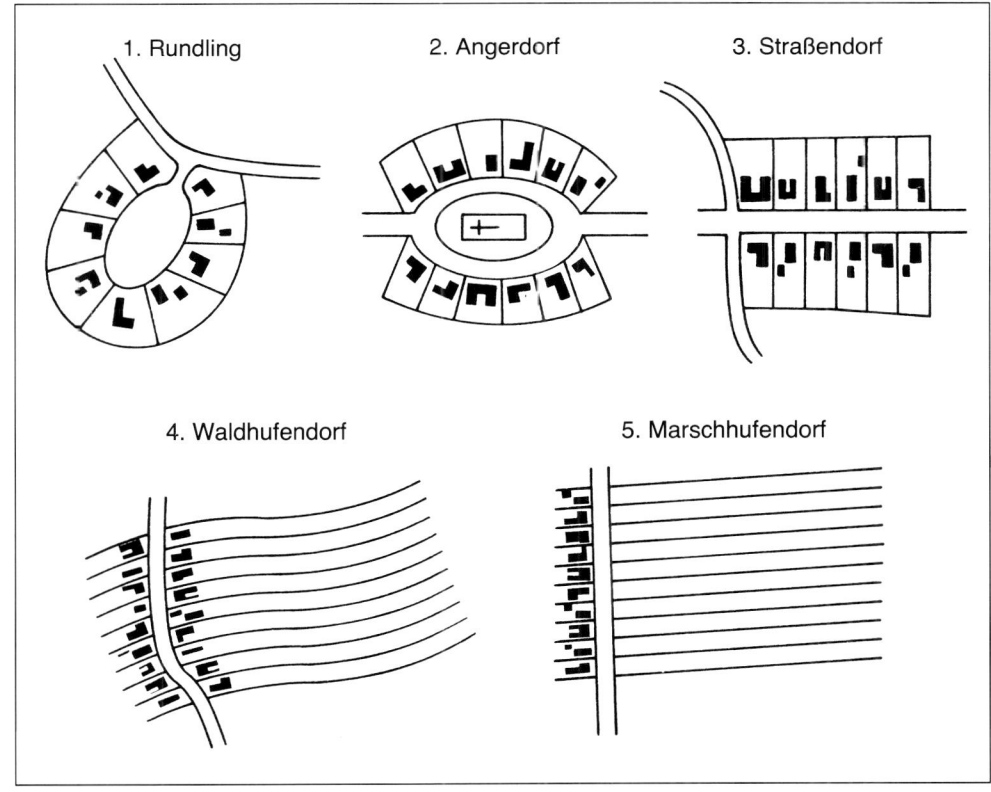

1. Rundling

2. Angerdorf

3. Straßendorf

4. Waldhufendorf

5. Marschhufendorf

Abb. 18   Spätmittelalterliche, planmäßig angelegte ländliche Siedlungsformen.

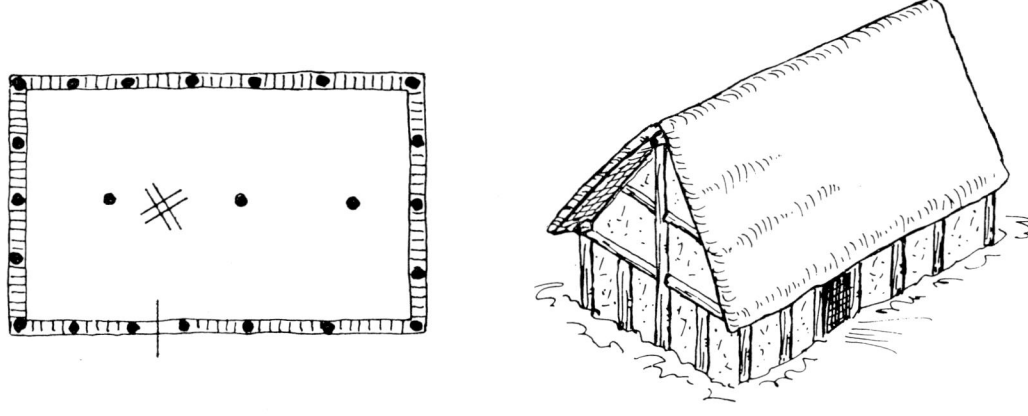

Abb. 19   Einräumiger Firstsäulenbau.

Abb. 20   Die verschiedenen Konstruktionslösungen der Pfostenwand:
a) Flechtwerkwand, b) Pfostenbohlenwand, c) Stabwand.

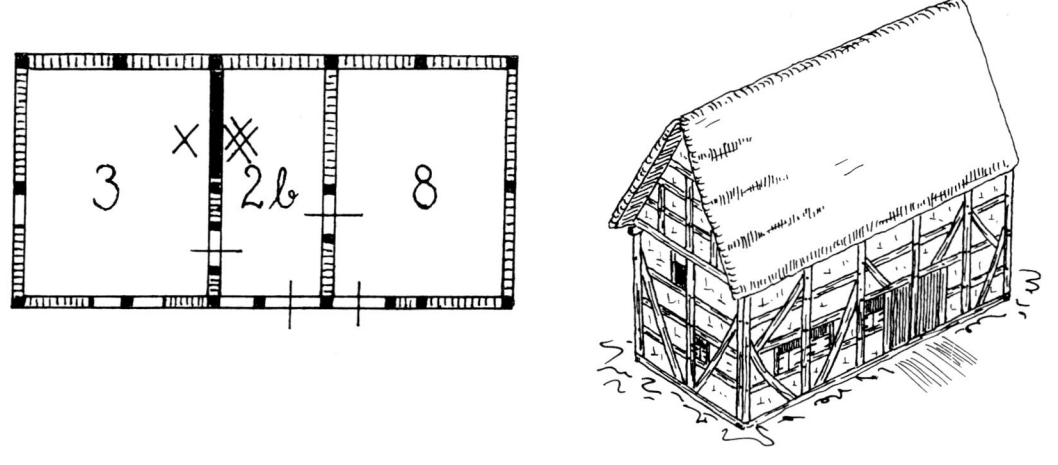

Abb. 21   Das frühe mitteldeutsche, mehrräumige Ernhaus. Grundriß und Außenansicht.

DER SIEDLUNGSBEREICH

Haus und Hof in salischer Zeit (Neue Bauformen verändern das Dorf)

Das Pfostenhaus mit in gleichmäßigen Abständen eingesetzten, sich paarweise gegenüberstehenden Eck-und Wandpfosten ist die übliche (und anscheinend ausschließliche) ebenerdige bäuerliche Hausform im Mittelgebirgsraum bis 1000 n. Chr. Im 11. Jahrhundert erfolgt aber mit dem Auftreten der ersten Ständerhäuser der *entscheidende bauhistorische Fortschritt im mittelalterlichen Hausbau:* die tragenden Hauspfosten stehen dabei nicht mehr auf oder im Boden, sondern sie werden als Ständer auf eine massive Steinfundamentmauer gesetzt. Dieser Sockel hat seine endgültige Form – den massiven Keller – zum Beispiel in Holzheim erst nach mehreren Zwischenstufen, aber noch vor Ende der salischen Epoche (das heißt um 1100), erreicht. Zahlenmäßig dominieren aber auch weiterhin die Pfostenhäuser, die vorwiegend als Firstsäulenbauten in Skelettbauweise mit einer Wandkonstruktion als Blockwand, Stabbau oder Fachwerk und teilweise auch schon mehrräumig als sogenanntes mitteldeutsches Ernhaus errichtet werden (Abb. 19–21)[39]. Alle Häuser sind strohgedeckt (in Hessen auf dem Lande bis ins 19. Jahrhundert).

Am Beispiel des Steinfundamenthauses XV NB in Holzheim ist die Weiterentwicklung des Pfostenhauses deutlich zu erkennen (Abb. 22.23): Denn hier wird das noch in der traditionellen Bauweise errichtete Pfostenhaus XV a NB, nachdem man dessen Tragpfosten aus dem Boden herausgezogen hat, durch die neue Konstruktion eines Pfostenhauses mit Fußriegeln aus einschaligen Mauerstücken zwischen den Ständerpfosten ersetzt. Der Neubau verfügte dadurch über einen unter dem Gebäude gelegenen Kellerraum, der, nach den noch erhaltenen fünf Steinlagen, bis über das salische Laufniveau hochgezogen war. Damit waren die Flechtwerkgefache der Hauswände nicht mehr der Bodenfeuchtigkeit ausgesetzt. Außerdem hatte man einen dauerhaften Kellerraum gewonnen und konnte zumindest auf einen Teil der mit dem älteren Pfostenhaus errichteten Grubenhäuser und Kellergruben verzichten.

Bei dem beschriebenen Haus XV NB dürfte es sich um das Hauptgebäude des Gehöftes, das Wohnhaus, handeln, denn alle anderen Bauelemente dieser und anderer Hofkomplexe (Scheunen, Ställe und Grubenhäuser) waren lediglich in Holzpfostenweise errichtet.

Denn die aufwendigste Konstruktionsweise, der einschalige, gegen die Baugrube gesetzte beziehungsweise der massive, zweischalige Steinkeller als Unterbauung eines Ständerhauses, scheint ausschließlich dem herrschaftlichen Dorfbereich vorbehalten geblieben zu sein: So lag in unmittelbarer Nähe des steinernen Turmgebäudes des salischen Dorfherrn ein steinerner Vorratskeller mit Standgruben von Vorratsgefäßen, die sich rekonstruieren ließen (Abb. 24a/b)[40].

Im salischen Wülfingen am Kocher wurden mehrere Steinfundamenthäuser angetroffen, die sowohl ein- als auch zweischalige Unterkellerungen aufwiesen. Einer der Keller war mit einem Werkstattgebäude verbunden, das einen Tiegelschmelzofen und einen Röstherd enthielt und ebenfalls teilweise auf einer Trockenmauer gegründet war. Auch für Wülfingen werden beide Baukomplexe mit dem ortsansässigen Kleinadel in Verbindung gebracht[41].

Die Verhältnisse in Gommerstedt/Thüringen entwickelten sich folgendermaßen: Bis ins 11. Jahrhundert bestanden in der kleinen Siedlung ausschließlich Pfostenhäuser. Anscheinend gegen Ende der salischen Zeit werden kleine einräumige (oder mehrräumige) Häuser mit Lehmschichtwänden auf steinernen Unterzügen errichtet, das heißt in einer Vorstufe der erst im Spätmittelalter vollentwickelten Ständerbauweise. Aufwendiges, zweischaliges Fundamentmauerwerk bleibt auch hier ausschließlich den Gebäuden der Dorfherrschaft (Fronscheune und Wohnhaus in der Burg) vorbehalten[42].

39 Baumgarten. Bauernhaus (1985) 11 ff., 30 ff.
40 Wand, Holzheim in salischer Zeit (1991) Abb. 30–34.

41 Schulze-Dörrlamm, Wülfingen (1991) 40 ff.
42 Timpel, Gommerstedt (1982) 30 ff.

Abb. 22 Fritzlar (Schwalm-Eder-Kreis), Wüstung Holzheim. Das hochsalische Steinfundamenthaus XVa, umgeben von frühsalischen Grubenhäusern und Kellergruben, während der Ausgrabung im Jahr 1984.

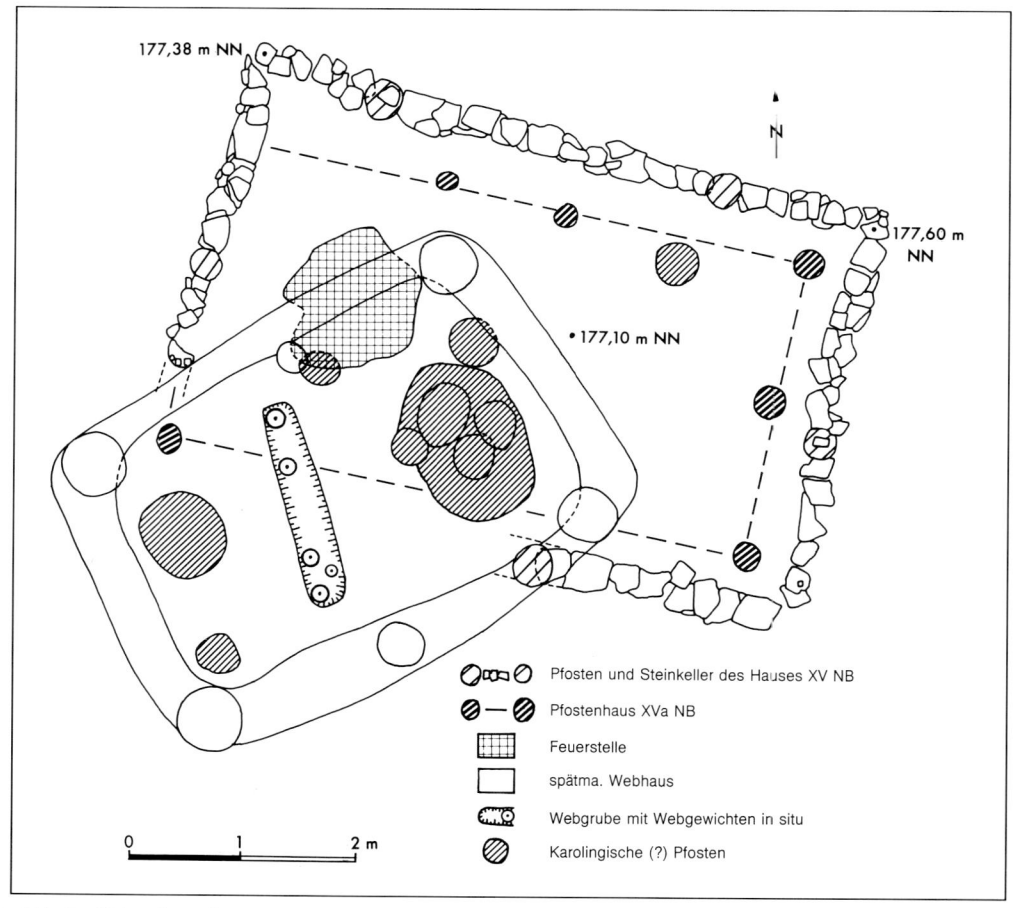

Abb. 23 Fritzlar (Schwalm-Eder-Kreis), Wüstung Holzheim. Pfostenhaus XVa NB und Steinfundamenthaus XV NB mit Keller, teilüberbaut von dem spätmittelalterlichen Webhaus 45 NB.

Abb. 24a   Fritzlar (Schwalm-Eder-Kreis), Wüstung Holzheim. Der Vorratskeller des salischen Steinfundamenthauses III NB von Norden. Die Stellen der Vorratsgruben sind gekennzeichnet.

Abb. 24b   Spätsalisches Vorratsgefäß (Kugeltopf mit breiten Bandhenkeln und Ausgußtülle) aus einem Holzheimer Grubenhaus (Höhe: 42,5 cm, Breite: 45 cm) im steinernen Vorratskeller III NB, in dem vergleichbare Gefäße standen.

Abb. 25   Fritzlar (Schwalm-Eder-Kreis), Wüstung Holzheim. Das salische Grubenhaus 41 aus dem Herrenhof während der Ausgrabung 1983. Der Eingang liegt an der Nordwestecke (im Hintergrund links). Das Gebäude diente zumindest zeitweise auch als Knochenschnitzerei.

Auch bei den eingetieften Nebengebäuden des Hofes, den Grubenhäusern, erkennen wir mit Beginn der salischen Zeit Ansätze zu einer technischen Weiterentwicklung, die diesem Haustyp noch einmal zu einer letzten Blütezeit verhilft.

Das Grubenhaus, wegen seiner dunklen Verfüllung in der Grabungsfläche meist gut erkennbar, ist ein kleines, zumeist rechteckiges, in salischer Zeit im Mittel 2,40×3–3,50 m großes, gegenüber der ursprünglichen Lauffläche eingetieftes Wirtschaftsgebäude mit eigenständigem Dach und ziemlich senkrechten Wänden (Abb. 25, 26). Das Grubenhaus ist also – im Gegensatz zu unseren Kellerräumen – kein unterirdischer Bauteil, sondern ein selbständiges (Klein-)Haus. Nach einer typographischen Gliederung, die sich an der konstruktiven Anordnung der die Dachlast tragenden Pfosten orientiert, lassen sich für das salische Holzheim drei Gruppen unterscheiden, nämlich Giebel- oder Zweipfosten-häuser, Sechspfosten- und Eckpfostenhäuser. Zahlenmäßig dominiert das Sechspfostenhaus, da es durch je drei Pfosten an den Giebelseiten Stabilitätsvorteile gegenüber den anderen Typen besitzt (Abb. 27). Auch die salischen Grubenhäuser dienen – wie zu allen Zeiten – zwei Aufgaben, nämlich als handwerklicher Arbeitsraum (Werkstatthaus) oder als Speicher (Vorratsraum). Durch ihre natürliche Feuchtigkeit bieten sich die Grubenhäuser insbesondere als Webkeller (Webhäuser) an: Im archäologi-schen Befund ist der Standort des meist stehenden Webstuhls durch eine längliche, schmale Grube im Hausboden für die Aufnahme der zur Spannung der Kettfäden notwendigen, vorwiegend flachkugeligen Webgewichte meist gut auszumachen (Abb. 23, 57a.b). Verziegelte Lehmplatten in Grubenhäusern sind dagegen sichere Indizien für die Nutzung als eingetiefte Backhäuser oder Darren.

Hinsichtlich dieser und anderer Funktionen (zum Beispiel als Schmieden, Knochenschnitzereien und Kammachereien) bieten die salischen Grubenhäuser Holzheims gegenüber denen der karolingischen Periode nichts Neues. Fortschritte erfolgen vielmehr im konstruktiven Bereich: Einige Grubenhäuser (wie etwa 66/1976) besitzen zum Beispiel an Stelle der sonst üblichen Flechtwerkwände etwa 30–40 cm

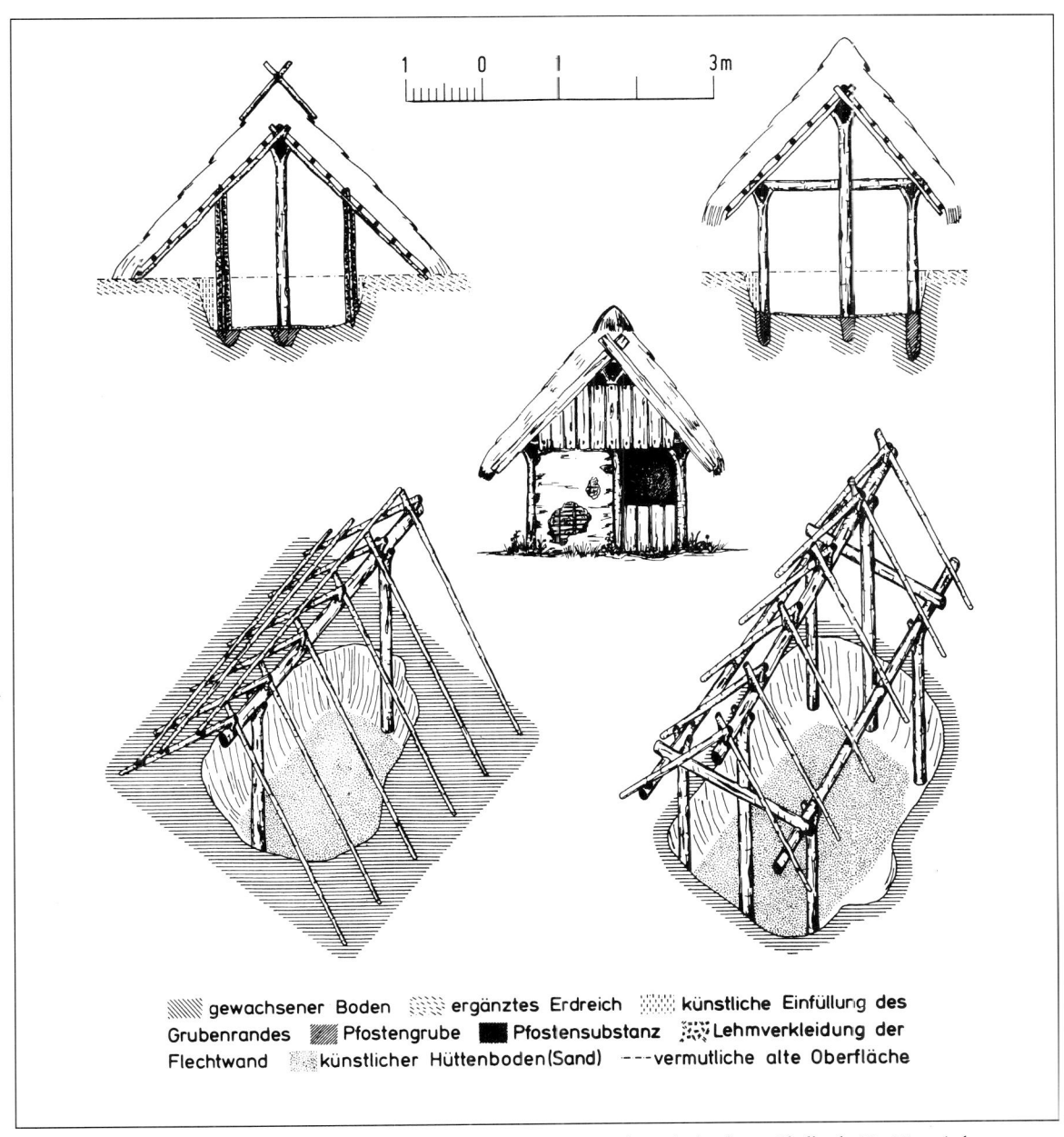

gewachsener Boden ⠀⠀ergänztes Erdreich ⠀⠀künstliche Einfüllung des Grubenrandes ⠀⠀Pfostengrube ⠀⠀Pfostensubstanz ⠀⠀Lehmverkleidung der Flechtwand ⠀⠀künstlicher Hüttenboden(Sand) ---vermutliche alte Oberfläche

Abb. 26 Rekonstruktion von Grubenhäusern nach einem Grabungsbefund aus Gladbach, Kr. Neuwied.

breite Unterzüge aus Kiesmaterial für die Bohlenauflage einer Schwellenbalkenkonstruktion. Damit werden diese Unterzüge zu entwicklungsgeschichtlichen Vorstufen des gemauerten Steinkellers, wie er bereits in hochsalischer Zeit in Holzheim mit dem Haus III NB erreicht wird (vgl. Abb. 24a).

Der Aufbewahrung von Vorräten dienten außer Grubenhäusern auch noch in salischer Zeit Erdgruben. Im Unterschied zu den einfachen Abfallgruben besitzen die Vorratsgruben bei durchgehend rundem Grundriß infolge eines Wandeinzuges in etwa halber Höhe einen leicht kegelstumpf- bis sackförmigen Querschnitt (Abb. 28). Über der Öffnung ist ein zeltartiges Strohdach anzunehmen. Entsprechend ihrer siloartigen Funktion liegen diese Gruben meist in der Nähe der Grubenhäuser. Wie bei slawischen Gruben der Zeit dürften auch die Holzheimer Vorratsgruben in erster Linie der Aufbewahrung von Getreide gedient haben.

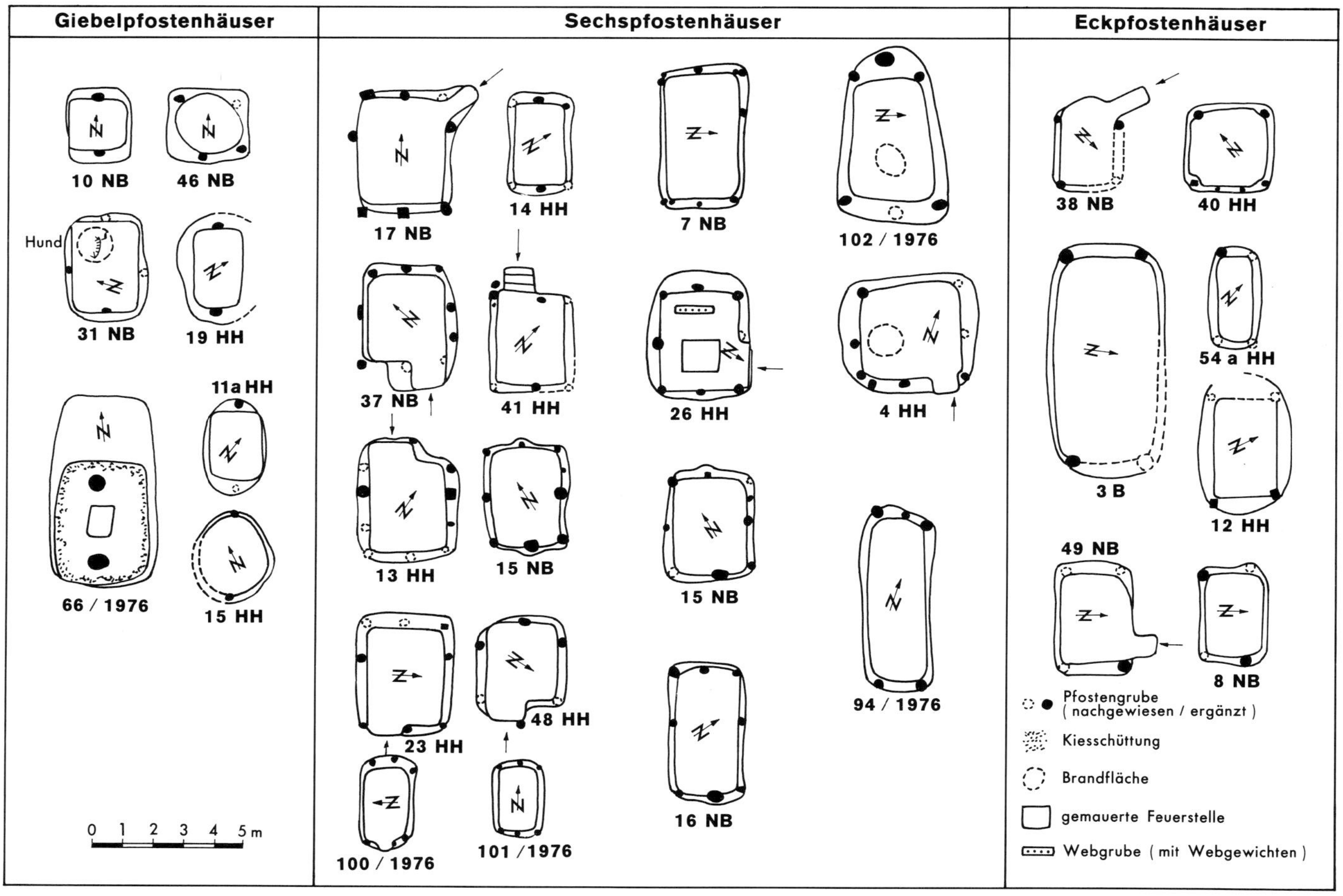

Giebelpfostenhäuser	Sechspfostenhäuser	Eckpfostenhäuser

10 NB 46 NB

Hund

31 NB 19 HH

11a HH

66 / 1976 15 HH

17 NB 14 HH 7 NB 102 / 1976

37 NB 41 HH 26 HH 4 HH

13 HH 15 NB 15 NB

23 HH 48 HH 94 / 1976

100 / 1976 101 / 1976 16 NB

38 NB 40 HH

54 a HH

3 B 12 HH

49 NB 8 NB

○•● Pfostengrube (nachgewiesen / ergänzt)

Kiesschüttung

Brandfläche

gemauerte Feuerstelle

Webgrube (mit Webgewichten)

0 1 2 3 4 5 m

Abb. 27 Fritzlar (Schwalm-Eder-Kreis), Wüstung Holzheim. Salische Grubenhäuser (typographische Gliederung).

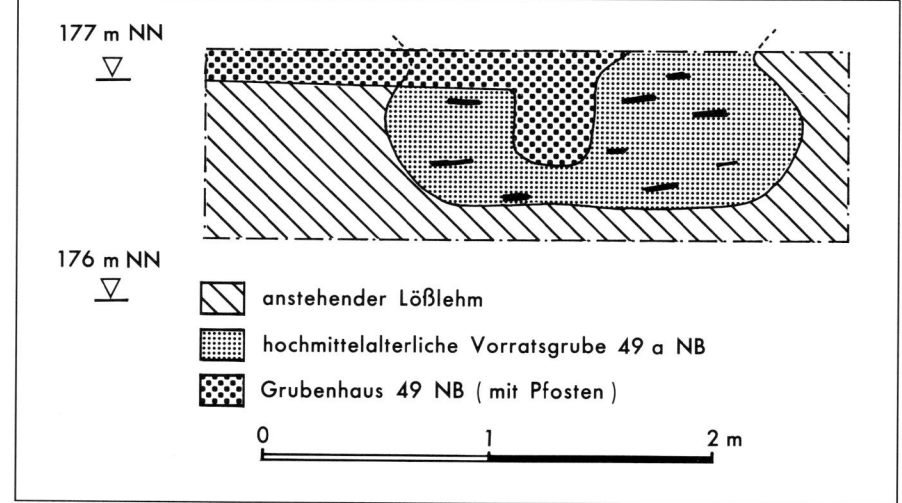

177 m NN ▽

176 m NN ▽

anstehender Lößlehm

hochmittelalterliche Vorratsgrube 49 a NB

Grubenhaus 49 NB (mit Pfosten)

0 1 2 m

Abb. 28 Fritzlar (Schwalm-Eder-Kreis), Wüstung Holzheim. Die salische Vorratsgrube 49a NB (Nordprofil).

38

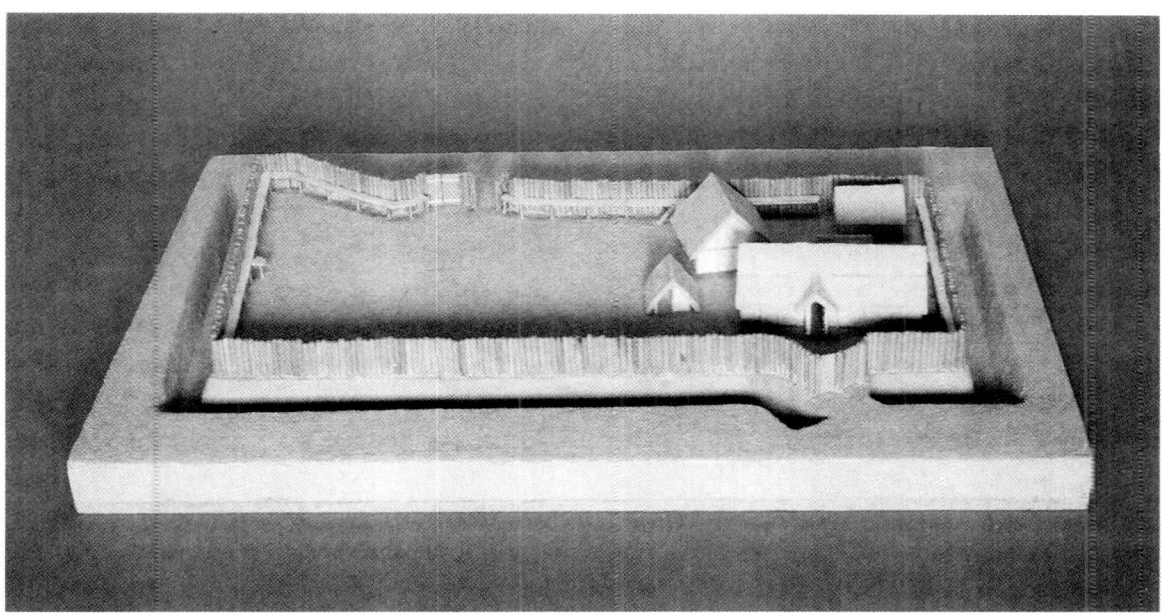

Abb. 29   Fritzlar (Schwalm-Eder-Kreis), Wüstung Holzheim. Rekonstruktion der salischen Hofstelle aus der Niederurgsburg in Per. 1.

Der in den Holzheimer Grabungen erkennbare baugeschichtliche Umbruch des 11. Jahrhunderts betrifft auch die B a u s t r u k t u r   d e s   b ä u e r l i c h e n   G e h ö f t e s : Der weiträumige Reihen- oder Parallelhof der karolingischen Zeit, gekennzeichnet durch eine zwar gestreute, dennoch planvoll gefluchtete oder axiale Anlage der Gebäude in der Hoffläche[43], verdichtet sich in salischer Zeit zu einer hufeisenförmigen Plazierung der Hofgebäude um einen zentralen Hofraum.

In Holzheim konnten bisher zwei solcher neustrukturierter Höfe vollständig freigelegt werden, von mehreren anderen liegen analoge Teilbefunde vor. Besonderes Interesse verdient der Gebäudekomplex im östlichen Teil einer langrechteckigen Befestigungsanlage auf dem vom Rimbach ausgebildeten Schwemmfächer, die als hochmittelalterlicher Herrensitz angesprochen werden kann. Die Befestigung mit Graben, Palisade und Toren ist die archäologisch gut erkennbare Einfriedung eines vollständigen, einperiodigen bäuerlichen Gehöftes.

Der archäologischen Deutung entziehen sich allerdings einige Details, da die Wohnebene sowie ein Großteil der leichteren Pfosten abgepflügt sind. Das bauliche Grundschema ist dennoch deutlich (Abb. 29, 39a): Auf der Südseite einer etwa quadratischen Hoffläche von ca. 400 m^2 Gebäudebebauung liegt das größte Haus, ein wenigstens zweischiffiger Firstsäulenpfostenbau von 5,40 × 12 m (Haus IX NB). Verstreute Pfosten in der Hausfläche könnten auf Zwischenwände hinweisen. Eine Pfostengruppe in der Mitte der südlichen Traufseite dürfte einen vorgezogenen Eingang andeuten. Dafür scheint auch die Plazierung direkt gegenüber dem Südtor der Befestigung zu sprechen. Wahrscheinlich handelt es sich bei diesem durchaus repräsentativen Gebäude um das Wohnhaus des Hofes, da die beiden anderen Pfostenhäuser für diese Funktion wohl kaum in Frage kommen: Das Haus IV NB an der Nordwestseite des Hofraumes, mit 5,40 × 6 m ein fast quadratischer Baukörper, besitzt auffallend schwere, tiefgegründete Pfosten, die auf eine Scheune schließen lassen. Denn der dritte Pfostenbau (V NB) spricht bei lediglich 3 × 5,10 m Größe und relativ schwachen Pfosten für ein Stallgebäude. Zum Hofkomplex gehören zwei, vermutlich nebeneinander bestehende Grubenhäuser, eines im Zentrum des Hofplatzes (16 NB), das andere nordwestlich vor dem Wohnhaus gelegen (15 NB). Beide sind sehr sorgfältig gebaute Sechspfostenhäuser mittlerer Größe.

43 Siehe S. 18f.

39

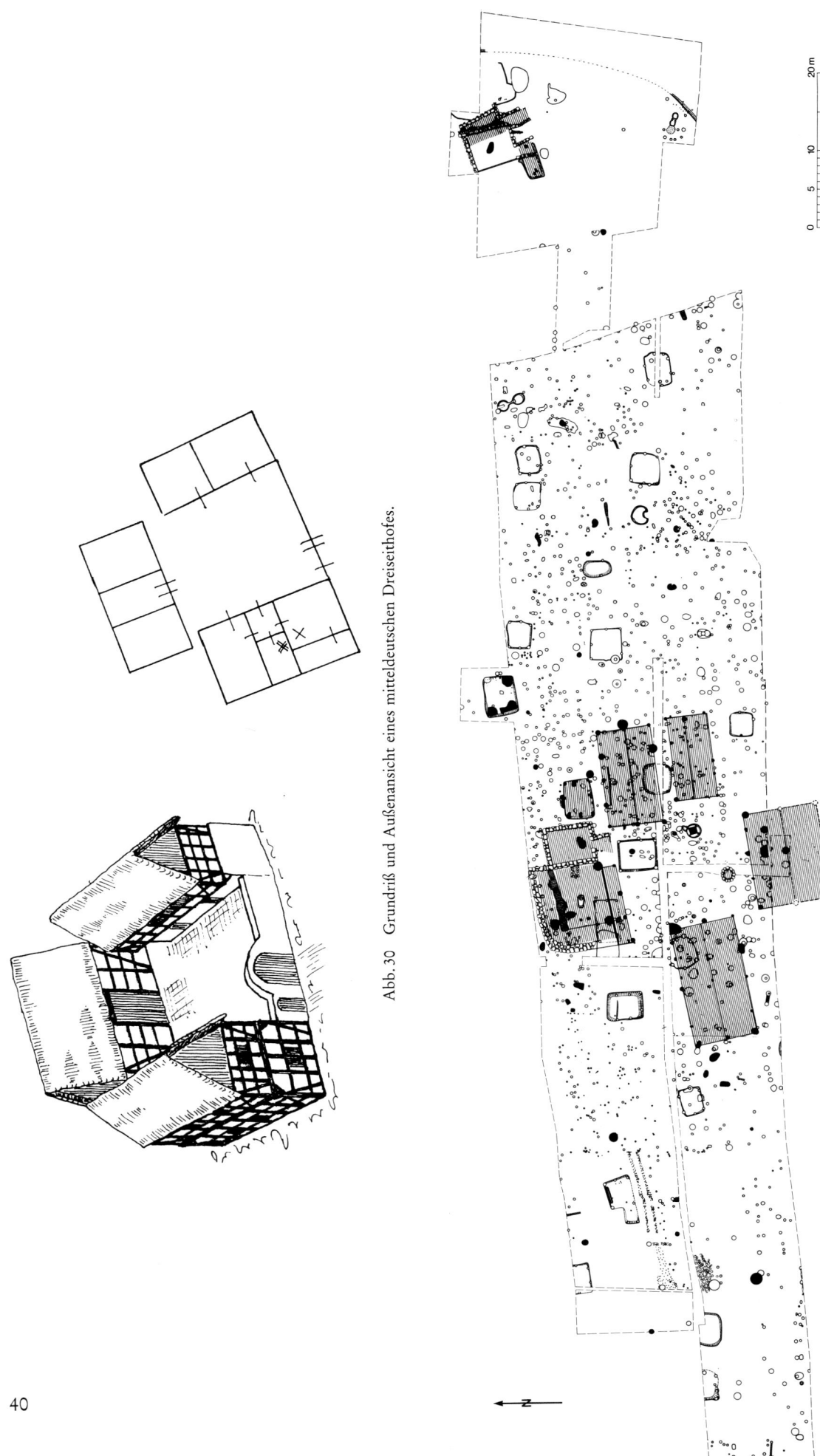

Abb. 30   Grundriß und Außenansicht eines mitteldeutschen Dreiseithofes.

Abb. 31   Wülfingen, Stadt Forchtenberg. Ausschnitt aus der salischen Bebauung.

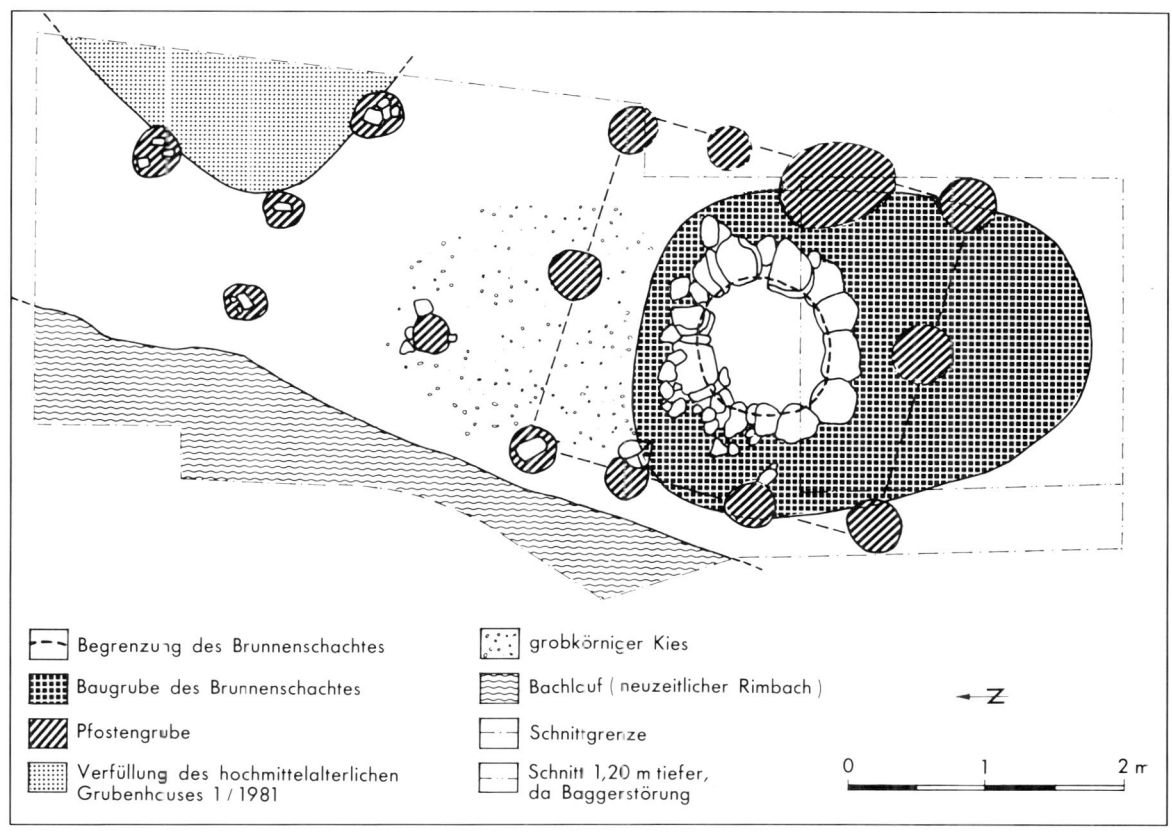

Abb. 32 Fritzlar (Schwalm-Eder-Kreis), Wüstung Holzheim. Der salische Brunnen
nordwestlich der Niederungsburg (Planum 1,45 m unter der Oberfläche [178,30 m NN]).

Die Hofanlage macht einen geplanten Eindruck: Die Hauptgebäude gruppieren sich auf drei Seiten um
einen inneren Hofraum von etwa 20×20 m Gebäudebebauung, der sich nach Süden öffnet und damit
schon weitgehend dem Ideal-Grundriß des Dreiseithofes entspricht. Diese Hofform ist die wohl am
meisten verbreitete Gehöftbildung der mitteldeutschen Hauslandschaft zwischen Rhein und Harz. In
Hessen ist sie mit ihren ältesten Beispielen seit etwa 1600 erhalten (Abb. 30). Die Holzheimer Hofstätte
liefert nun eine neue Anfangsdatierung (etwa Mitte 11. Jahrhundert), die den bisher ältesten archäologischen Nachweis von Königshagen (Südharz) für das 12. bis 14. Jahrhundert nicht unerheblich
vordatiert[44].

Die mitteldeutsch-fränkische Herkunft dieser Hofform bestätigen die Grabungen in Wülfingen bei
Forchtenberg am Kocher: Auch hier liegen mehrere ebenerdige und eingetiefte Gebäude um einen etwa
quadratischen Hofraum mit einem steinernen Brunnen (Abb. 31).

Im Vergleich mit dem Gebäudebestand des frühmittelalterlichen Gehöftes (Abb. 9, 10) ist die Verringerung der Grubenhäuser um wenigstens die Hälfte am auffallendsten. Anscheinend genügten sie nunmehr
insbesondere den Ansprüchen als Vorratssilos nicht mehr. So erforderte die von der Dreifelderwirtschaft
erbrachte Ertragsteigerung an Getreide (die sogenannte Vergetreidung)[45] neue Dimensionen und
Formen des Erntestapelraumes. Die neuen Bedürfnisse führten zur Ausbildung der mitteldeutschen
Scheunenlandschaft im hohen Mittelalter[46]. Ein besonders eindrucksvolles Beispiel dieser frühen,
queraufgeschlossenen, im Innenraum dreizonigen Scheunen wurde im thüringischen Gommerstedt

44 Janssen, Königshagen (1970) 104.
45 Siehe S. 12f.

46 Baumgarten, Bauernhaus (1985) 36ff.

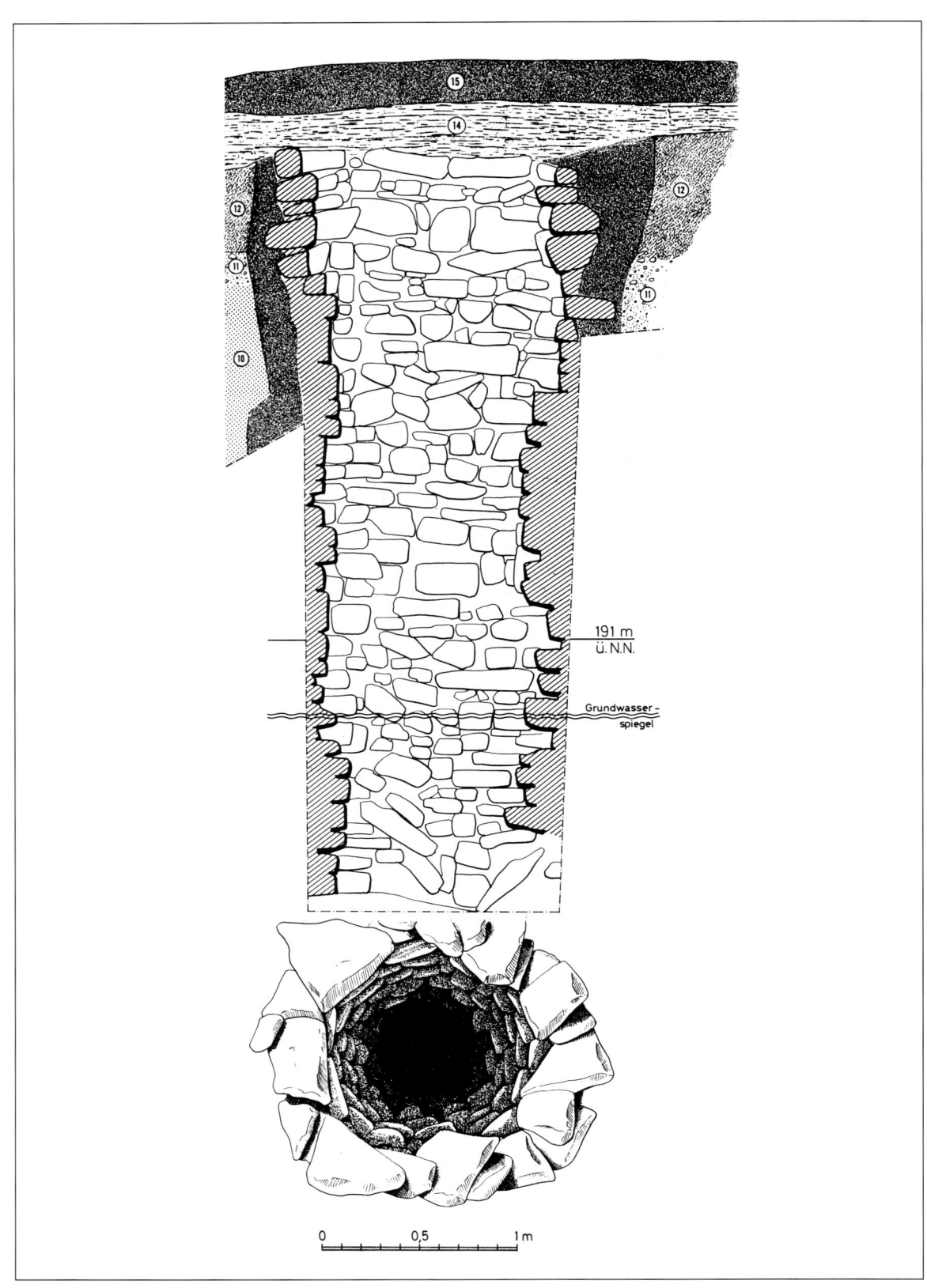

191 m
ü.N.N.

Grundwasser-
spiegel

0   0,5   1 m

Abb. 33   Wülfingen, Stadt Forchtenberg. Aufsicht und Schnitt des salischen Steinbrunnens D.

freigelegt und bei 21×7,50 m als Fronscheune des Dorfherrn für die Aufbewahrung der Abgaben der Hintersassen gedeutet (Abb. 16)[47]. In manchen Landschaften (zum Beispiel in Niederdeutschland, Hessen und Südwestdeutschland) blieb aber auch der quadratische oder mehreckige Pfahlspeicher als Kornspeicher noch bis weit ins Spätmittelalter in Verwendung.

Unter den Sondergebäuden des salischen Hofes ist der gemauerte Schöpfbrunnen besonders bauaufwendig. Sein Fehlen muß allerdings kein Zeichen von minderer sozialer Qualität der Hofbewohner sein: Schon in der Antike wurde bei der Wasserversorgung dem fließenden Gewässer eindeutig der Vorzug vor dem (stehenden) Brunnen gegeben[48]. Vermutlich hat man sich deshalb, wo immer es ging, mit Laufbrunnen, die ständig zufließendes, frisches und kühles Wasser aus dem Bachlauf schöpften, versorgt. In Holzheim wurde der einzige bisher ergrabene Brunnen als Röhrenbrunnen mit einem hölzernen Brunnenhaus über einem 90 cm breiten, runden und 6 m tiefen Brunnenschacht in Trockenbauweise errichtet (Abb. 32). Ähnliche Bauweise und Größe besitzt der Hofbrunnen des »herrschaftlichen« Gehöftes von Wülfingen am Kocher (Abb. 33).

Offenbar haben schon in salischer Zeit alle Vollbauernhöfe einen eigenen Backofen. In Holzheim gibt es Backöfen hausanschließend oder als eigenständigen Baukörper freistehend im Hofbereich, allerdings dann aus Sicherheitsgründen in Hoftornähe (Abb. 41). Beide Konstruktionen erforderten ein Schutzdach für die Ofenkuppel, entweder in Anlehnung an ein Haus als schlichtes Pultdach (Abb. 34a) oder als offenes Satteldach mit wenigstens sechs Stützen (Abb. 34b). Der Backofen des Holzheimer Herrenhofes übertraf alle bäuerlichen an Größe: Er war in ein 5×3,5 m großes, eingetieftes Gebäude als langrechteckiger Backraum von 3,5×2 m wandfluchtig und leicht gegen die Ostwand verschoben eingebracht worden. Die Ofenkuppel aus Lehm ruhte auf schmalen Trockenmäuerchen aus Buntsandsteinquadern.

Zum salischen Hofkomplex gehörte zweifellos noch eine Vielzahl kleinerer Nebengebäude, die, da leicht gebaut, als nur temporär bestehend kaum Spuren im Boden hinterlassen haben. Anderseits liefern alle Ausgrabungen massenhaftes osteologisches Material, das die Vielfalt der Tierhaltung auf den Höfen eindeutig belegt und sehr verschiedene Stallungen und Hofabteilungen erforderte. Für unsere bildliche Vorstellung sind wir daher zum Beispiel bei Koben für Schweine, Schaf-, Ziegen-, Hühner- und Gänseställen sowie Taubentürmen auf die frühen Buchillustrationen angewiesen (Abb. 36, 37)[49].

Wegen seiner großen Bedeutung als Süßungsmittel legte der salische Bauer auch großen Wert auf einen eigenen Bienenstand. Weiterhin mußten Lage und Konstruktion des Misthaufens als eingetiefte und ausgekleidete Dungstätte bestimmt werden. An einer abgelegenen Stelle, vielleicht aber auch schon in Verbindung mit dem Misthaufen, wurde schließlich ein Aborthäuschen errichtet.

Das salische Gehöft wies wohl in der Tendenz einen rechteckigen Grundriß auf. Reichhaltige botanische Reste, die bei Grabungen in hochmittelalterliche Burgen und Siedlungen mit anderem Fundmaterial eingebracht wurden, lassen vermuten, daß jedes Hofareal einen Nutz- und Ziergarten (mit Obst, Gemüse, Gewürz- und Heilpflanzen) hausanschließend ausgewiesen haben wird. Mit Sicherheit gab es aber auch Gärten in der näheren Umgebung der Gehöfte[50]. Nach den Grabungsbefunden ist für jede Hofstätte eine Einfriedung mit einem Flechtzaun (Abb. 47) oder – etwas aufwendiger – mit einer Palisade anzunehmen (Abb. 37). Für die Zauntore sind zwei Typen, entsprechend den spätmittelalterlichen Bilddarstellungen, denkbar: Die einfache Ausführung ist das schlichte, zweiflügelige Zauntor (wie für die Gehöfte rekonstruiert), aufwendiger, im archäologischen Befund auch durch mehrere Pfostensetzungen ausgewiesen, ist der Torbau mit Satteldach, wie er auf unserem Schaubild den Zugang zum Kirchhof bildet.

47 Timpel, Gommerstedt (1982) 39.
48 Z.B. Vitruv VIII cap. 6,12.
49 In unserem Schaubild wurden diese Nebengebäude allerdings sehr stark reduziert und zurückhaltend rekonstruiert.
50 Janssen, Gartenkultur (1986) 228ff.

Abb. 34a Hausanschließender
Backofen aus dem Dorf Rohrbach
bei Heidelberg (nach M. Merian
um 1620).

Abb. 34b Brotbacken im
Backhaus auf einem flämischen
Bauernhof (Brügge um 1530).

Abb. 35 Weideaustrieb der Schafe und Kühe auf einem flämischen Bauernhof (Brügge um 1520/30).

Abb. 36 Reinigen des Korns mit der Kornwanne. Im Hintergrund ein Taubenturm mit Schweinekoben in einem flämischen Bauernhof (Brügge um 1520/30).

Abb. 37 Schafschur auf einem flämischen Gutshof (mit Palisadenzaun und Hoftor mit Walmdach) (Brügge 1520/30).

Die baulichen Komplexe der Dorfherrschaft (ein neuer Stand entsteht)

Das herrschaftliche Element im Gefüge von Siedlungen und Dörfern hat dingliche Ausprägungen in meist spezifischen baulichen Komplexen gefunden, die durch eine besondere Konstruktion sowohl »Schutz und Schirm« als auch Herrschaft sicherstellen sollten. Zweifellos wiesen aber nur herausgehobene Siedlungen einen »eingezogenen« Adelssitz auf. Archäologisch untersucht wurden Ansitze des dörflichen Adels aus salischer Zeit in Düna bei Osterode (Harz)[51], in Gommerstedt bei Arnstadt (Thüringen)[52], Holzheim bei Fritzlar (Hessen)[53] und Unterregenbach an der Jagst[54]. Von besonderem Interesse sind dabei die Ergebnisse aus Gommerstedt und Holzheim, da an diesen Plätzen bei günstigen Erhaltungsbedingungen auch die Genese der Herrschaftsbildung verfolgt werden kann.

In Gommerstedt bestand aus frühmittelalterlicher Zeit ein wiederholt verändertes, mehrgliedriges Gehöft mit einem Hauptgebäude, zwei Nebengebäuden und einem Pfahlspeicher, alles in Pfostenbauweise erbaut. In der ersten Hälfte des 11. Jahrhunderts wurde etwa 40 m östlich eine einfache Befestigung mit Graben und Erdwall errichtet, in deren Zentrum in leicht erhöhter Lage ebenfalls ein Pfostenhaus gelegt wurde. Gleichzeitig wurde in südlicher Richtung und in ähnlichem Abstand wie das Gehöft eine kleine Holzkirche als einräumiger Saalbau angelegt (Abb. 38). In der zweiten Hälfte des 11. Jahrhunderts wird das Pfostenhaus in der Befestigung zu einer Turmburg mit Ringmauer, Wohnturm und wenigstens zwei weiteren kleinen Hausbauten auf Steinfundamenten ausgebaut, die Kirche durch einen vermutlich massiven Steinbau einer kleinen Saalkirche mit eingezogener Halbrundapsis ersetzt (später wurde auch noch ein Seitenschiff angefügt). Auch alle anderen Hausbauten der Siedlung werden in Schwellenbauweise auf Steinfundamenten neuaufgeführt (Abb. 16).

In grundsätzlich ähnlicher Weise vollzieht sich die Entwicklung in Holzheim: Hier wird in Tallage auf dem Schwemmfächer des Rimbaches nahe der Nordost-Ecke der Dorfbebauung, jedoch noch innerhalb des Siedlungsbereiches, an einer Stelle, die die Kontrolle der unmittelbar östlich vorüberziehenden Reichsstraße (»Fritzlarer Straße«) ermöglichte, in frühsalischer Zeit (das heißt etwa um 1000/1050) eine langrechteckige Befestigung von etwa 25/30 × 60 m (= vermutlich 85/100 × 175 Fuß) mit einer teilflächigen Innenbebauung errichtet (Abb. 29, 39a). Die Befestigung besteht aus einem Sohlgraben mit wannenförmigem Profil bei mindestens 4 m Gesamtbreite und etwa 2,50 m Tiefe.

Unmittelbar an der Innenkante des Grabens steht eine Palisade aus dicht nebeneinander in die Erde getriebenen Rundpfosten von etwa 20 cm Durchmesser. Zwei Tore (an der Nordwest- und Südost-Ecke) sind einfache Durchlaßtore, die durch Grabenunterbrechungen (Erdbrücken) gebildet werden. Pfosten in der Torgasse lassen – entsprechend spätmittelalterlichen bildlichen Darstellungen (Abb. 37) – auf mit einem Satteldach in Grabenrichtung überbaute, zweiflügelige Tordurchfahrten schließen. Die Bebauung der Niederungsburg ist auf das östliche Drittel der Anlage konzentriert: Es handelt sich um ein für diese Zeit in Holzheim übliches bäuerliches Gehöft (Dreiseithof)[55], das mit seinen Hausfluchten präzise auf den Grabenverlauf ausgerichtet ist und sich auf das Südtor der Befestigung öffnet. Die übrige Innenfläche blieb von Bebauung frei und mag als eine Art Refugium dem Schutz der übrigen Dorfbevölkerung gedient haben.

In einer zweiten Bauperiode (also etwa in der zweiten Hälfte des 11. Jahrhunderts oder um 1100) wird die bisher unbebaute Innenfläche des Herrensitzes mit einer streng nord-süd-orientierten Bebauung aufgesiedelt (Abb. 39a–c). Der bisherige Gebäudekomplex verschwindet, und auch die Graben- und Palisadenbefestigung wird aufgegeben und eingeebnet. Den Mittelpunkt dieser neuen Gebäudegruppe bildet ein großer Steinbau, der mit seiner zweischaligen Mauer von ursprünglich etwa 1 m Breite ein Turm mit einer Gesamtfläche von 7,5 × 9,0 m gewesen sein muß (Abb. 39b). Im Turminneren fanden sich im Zerstörungshorizont zahlreiche bis 50 cm lange und breite Steinquader, die zugerichtet, auf der Schauseite auch zugespitzt waren. Sie dürften Teile des ehemaligen Blendmauerwerks darstellen. Viele

51 Klappauf, Düna (1986).
52 Timpel, Gommerstedt (1982).
53 Wand, Holzheim in salischer Zeit (1991).

54 Fehring, Unterregenbach (1972); Schäfer/Stachel, Unterregenbach (1989).
55 Siehe S. 39f.

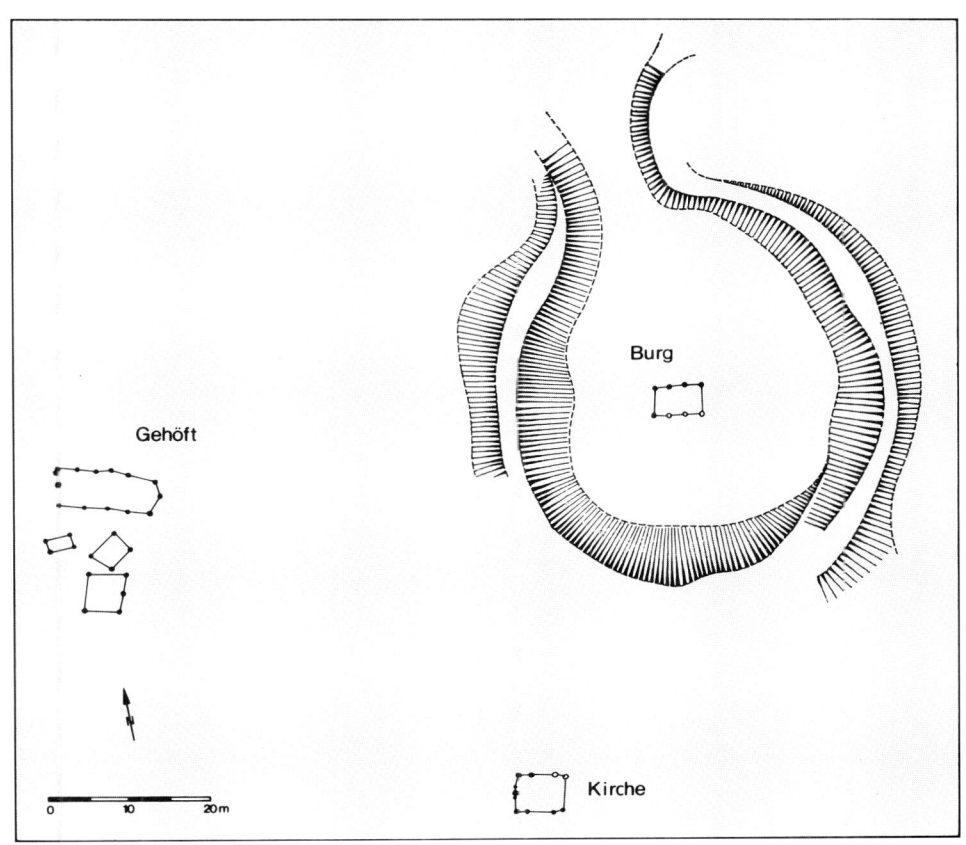

Abb. 38 Gommerstedt, Kr. Arnstadt. Siedlung und Burg in spätsalischer Zeit.

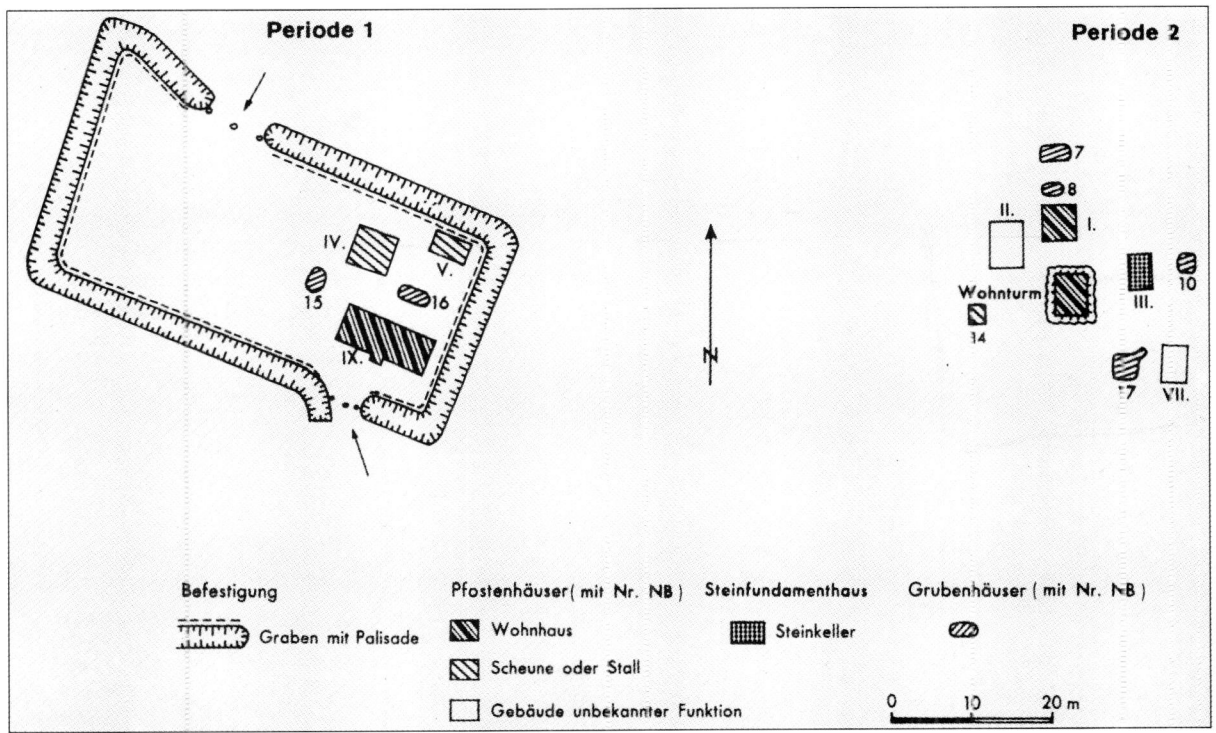

Periode 1   **Periode 2**

Befestigung   Pfostenhäuser (mit Nr. NB)   Steinfundamenthaus   Grubenhäuser (mit Nr. NB)

⌇⌇⌇⌇ Graben mit Palisade   ▧ Wohnhaus   ▦ Steinkeller   ⬭

                     ◨ Scheune oder Stall

                     ▭ Gebäude unbekannter Funktion

Abb. 39a Fritzlar (Schwalm-Eder-Kreis), Wüstung Holzheim. Die Niederungsburg in Periode 1 und 2 (schematisierter Plan).

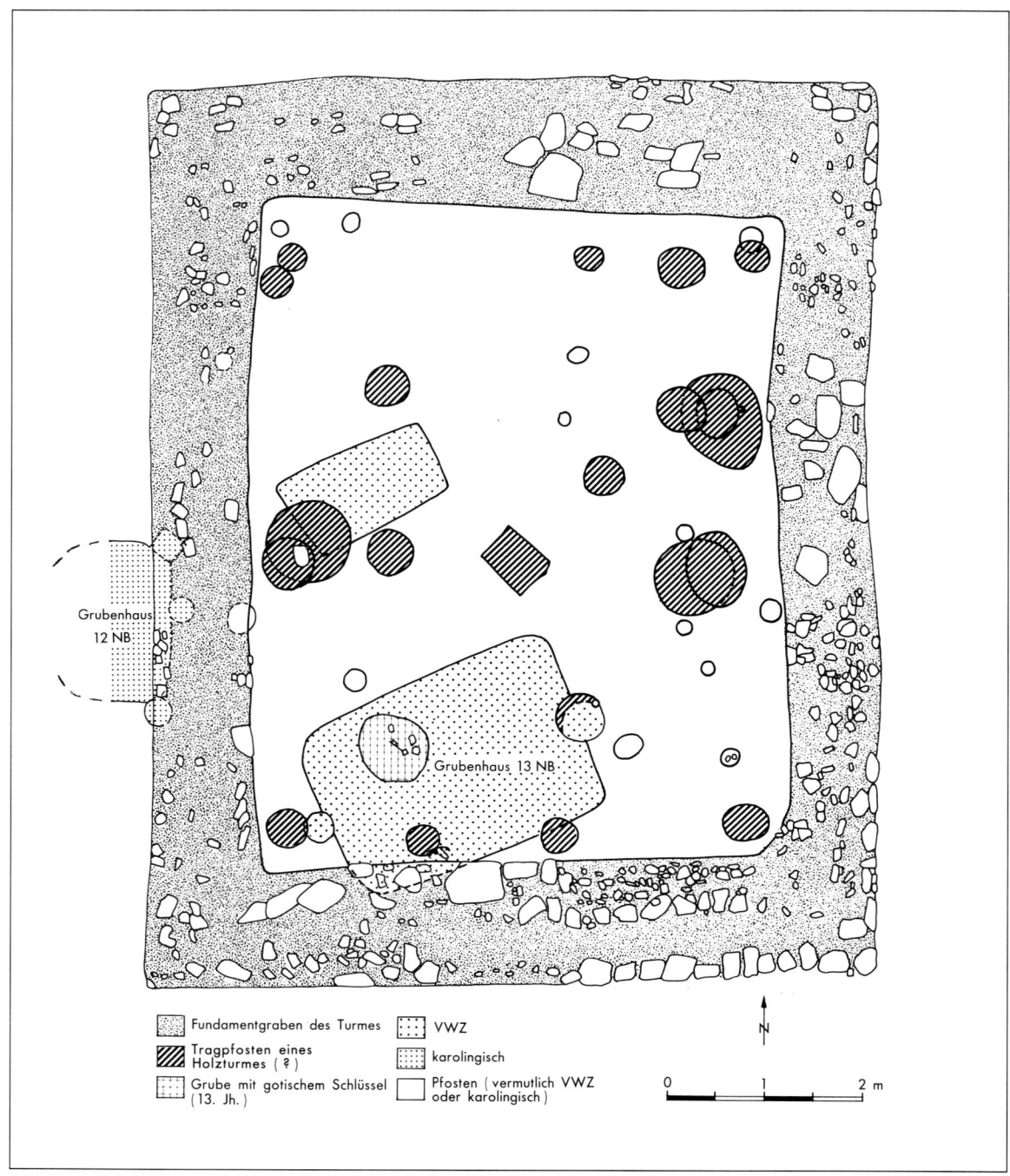

Abb. 39b   Der salische Wohnturm der Periode 2 (Grabungsbefund).

dieser Quader zeigen starke Brandeinwirkung. Der Trampelboden des Turmes war bedeckt mit verkohlten Brettern, Rundhölzern und Packungen von Hüttenlehm, offenbar Resten von Zwischendecken und der Verzimmerung des Turmgebäudes. Die verhältnismäßig kleine Turminnenfläche von 5,5 × 7 m läßt eine Mehrgeschossigkeit für eine sinnvolle Nutzung des Gebäudes als notwendig erscheinen. Damit bestünde eine konstruktive Übereinstimmung mit jenen gerade im 11. und 12. Jahrhundert beliebten Wohntürmen, die damals den Hauptbau einfacher Turmburgen in Niederungslage auf

Abb. 39c Fritzlar (Schwalm-Eder-Kreis), Wüstung Holzheim. Die Niederungsburg in der Periode 2 (um 1100), die Palisadenbewehrung wurde weggelassen (Rekonstruktionsversuch).

künstlich aufgeworfenen Hügeln (»Motten«) oder zu ebener Erde oder als Höhenburg auf Berghöhen
bildeten[56]. Die Bewehrung des Holzheimer Wohnturmes übernahm eine Palisade.

Die Bebauung in unmittelbarer Nähe des Turmes besteht aus drei Pfostenhäusern (zum Teil Wohnhäusern) und fünf Grubenhäusern (die vielleicht nicht alle gleichzeitig bestanden haben) sowie dem
Steinfundamenthaus III NB mit einem steingefaßten Keller, das als herrschaftliches Vorratsgebäude
gedient hat[57].

Seinen Wohnbereich trennt der Turmherr nunmehr räumlich deutlich von seinem Wirtschaftsbetrieb,
indem er am Westeingang des Dorfes einen neuen großen Wirtschaftshof errichtet und mit Graben und
Innenpalisade, ähnlich der Per. 1 der Niederungsburg, befestigt. Auf den Charakter als Fron- oder
Herrenhof verweisen auch der besondere Gebäudebestand, nämlich ein Dreiseithof (auf dem der
Verwalter [*villicus*, Meier] als Vertreter des Dorfherrn sitzt), mehrere Webkeller, ein großes Backhaus
und eine weitere große Scheune, in der die Abgaben der Dorfbevölkerung eingelagert werden, und nicht
zuletzt auch die alle bäuerlichen Wirtschaftseinheiten um etwa das Doppelte übertreffende Fläche dieses
Großhofes (Abb. 40, 41).

Die sicher nicht zufällig in unmittelbarer Nachbarschaft stehende Kirche, über die der Dorfherr
ebenfalls die Verfügungsgewalt besitzt, wie wir aus den Schriftquellen wissen, ist eine dem hl. Thomas
geweihte Holz-Steinkirche, ein schlichter Saalbau im Rechteckgrundriß mit zwei Jochen und ausgewie-
senem Altarraum bei im Lichten 12 m Länge und 6 m Breite. Zwischen die eingegrabenen Pfosten sind
steinerne Fußriegel gespannt, auf denen die Abschnitte der Grundschwelle liegen und sich die
aufgehenden Wände (vermutlich in schlichtem, verputztem Fachwerk) erheben (Abb. 42, 43). Diese
altertümliche Bauform läßt, nach Parallelen aus dem Niederrheingebiet, auf eine Entstehungszeit um
1000 oder bis in der 1. Hälfte des 11. Jahrhunderts schließen. Die Kirche ist von einem Friedhof
umgeben, auf dem allerdings wohl zu keiner Zeit die Dorfbevölkerung bestattet wurde. Andererseits hat
die Holzheimer Kirche »öffentliche«, über die Belange der »Familia« von Herrenhof und Herrensitz
hinausgehende Aufgaben in der Seelsorge wahrgenommen und war in dieser Funktion auch die
Dorfkirche Holzheims[58].

56 Böhme, Burgen der Salierzeit (1991).
57 Siehe S. 33.

58 Weiß, Kirche St. Thomas zu Holzheim (1989) 73.

49

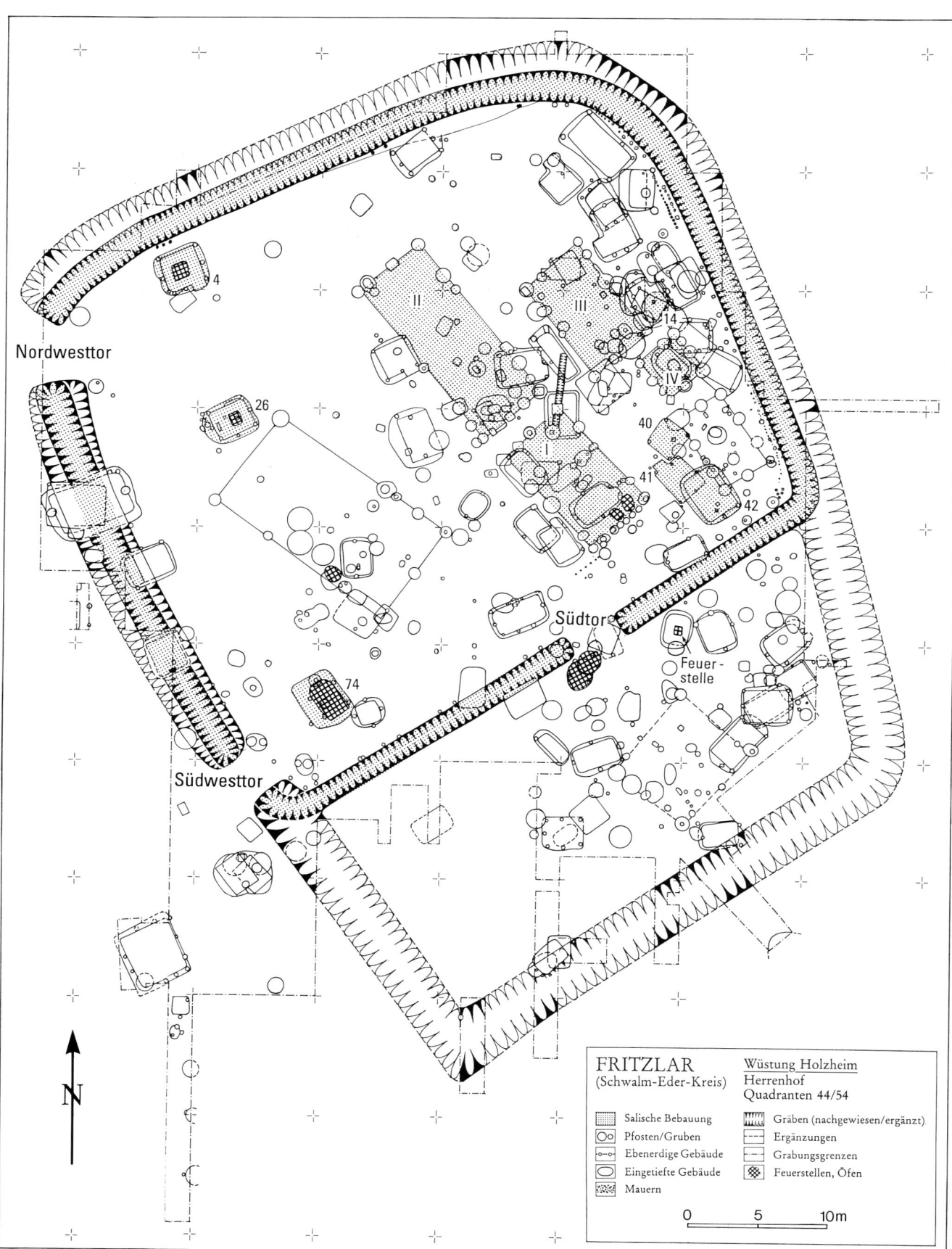

Nordwesttor

Südwesttor

Südtor

Feuer-
stelle

N

FRITZLAR
(Schwalm-Eder-Kreis)

Wüstung Holzheim
Herrenhof
Quadranten 44/54

Salische Bebauung

Pfosten/Gruben

Ebenerdige Gebäude

Eingetiefte Gebäude

Mauern

Gräben (nachgewiesen/ergänzt)

Ergänzungen

Grabungsgrenzen

Feuerstellen, Öfen

0   5   10m

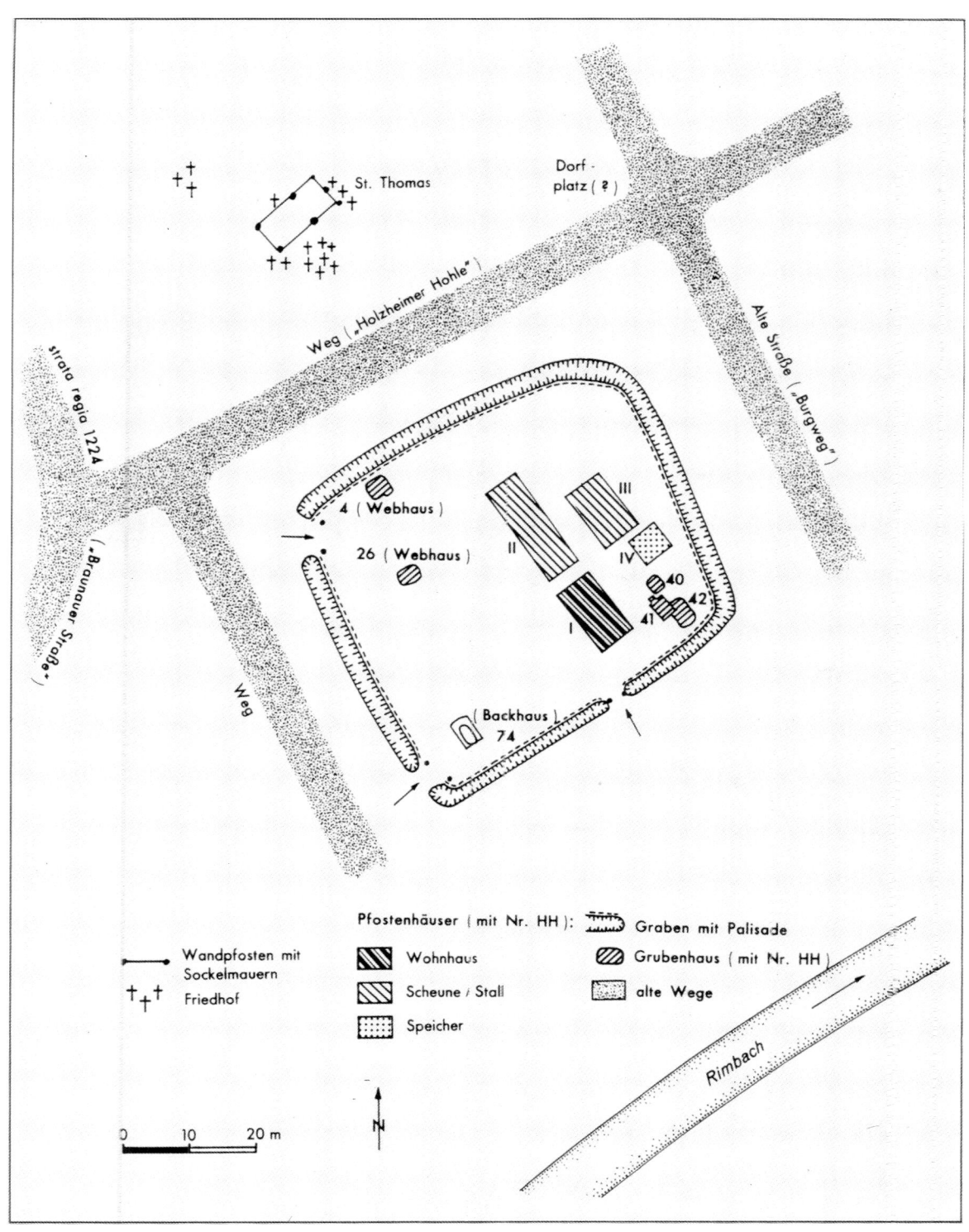

Abb. 41 Fritzlar (Schwalm-Eder-Kreis), Wüstung Holzheim.
Herrenhof und Kirchhofsbereich St. Thomas (schematisierter Plan).

◁ Abb. 40 Fritzlar (Schwalm-Eder-Kreis),
Wüstung Holzheim. Herrenhof (Grabungsbefund).

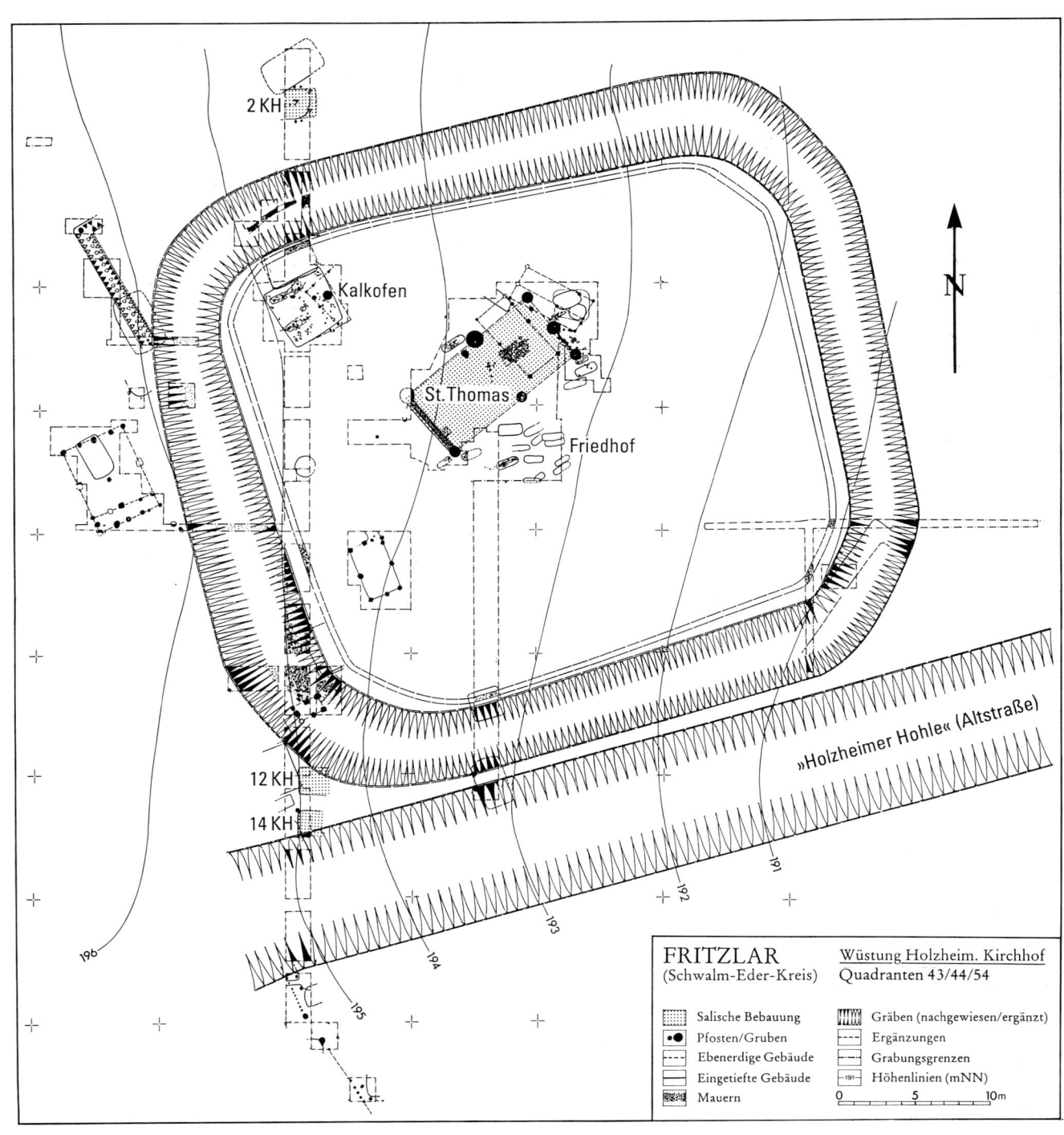

Abb. 42   Fritzlar (Schwalm-Eder-Kreis), Wüstung Holzheim. Kirchhof St. Thomas (Grabungsbefund).

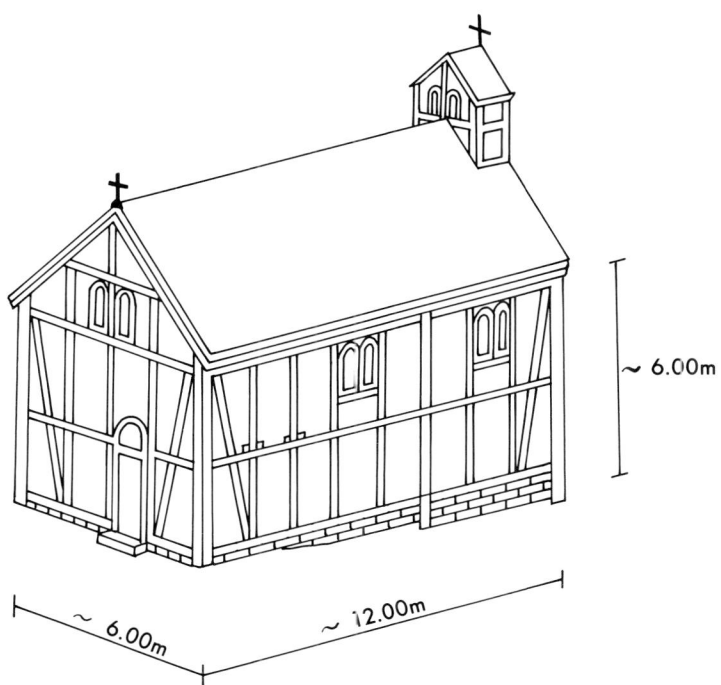

~ 6.00m

~ 6.00m

~ 12.00m

Abb. 43 Fritzlar (Schwalm-Eder-Kreis), Wüstung Holzheim. Kirche St. Thomas (Rekonstruktion).

Die Grabungsbefunde von Gommerstedt und Holzheim wurden deshalb so ausführlich dargestellt, weil an diesen Plätzen besonders anschaulich der Aufstieg des Besitzers eines normalen bäuerlichen Gehöftes (Gommerstedt) beziehungsweise der bäuerliche Vertreter *(villicus)* des auswärts ansässigen Dorfherrn (Holzheim) in die Ministerialität nachzuvollziehen ist. Der Weg vom bäuerlichen Hofbesitzer unfreien Standes zum kleinadligen Dienstmann mit ritterlicher Turmburg, großem Herrenhof und Eigenkirche vollzieht sich zudem in erstaunlicher Schnelligkeit (und sollte sich in Holzheim mit den Ortsherrn gleichen Namens auch noch in staufischer Zeit mit deutlicher Steigerung fortsetzen!). Wohl nur selten läßt sich für das Mittelalter ein in den Schriftquellen belegter, bedeutsamer Vorgang mit archäologischen Methoden so präzise materiell und anschaulich nachweisen.

Die Befunde in den übrigen oben genannten Ausgrabungsplätzen ergänzen und bestätigen das gezeichnete Bild: in Düna wird etwa im 11./12. Jahrhundert ein bereits aus ottonischen Siedlungszusammenhängen bestehendes Steingebäude nach einer Brandzerstörung als massiver Turmbau neu aufgeführt. Der Herrensitz wird durch die Aufhöhung eines Bachlaufes inselartig befestigt. Im östlich und nördlich anschließenden Dorfbereich, der allerdings noch der Aufdeckung bedarf, wurde die Verarbeitung von Erzen aus dem Rammelsberg bei Goslar betrieben (Abb. 44). Sehr ähnlich den Verhältnissen in Düna verläuft die Geschichte des salischen Herrensitzes in Unterregenbach a.d. Jagst (Abb. 45): auch hier entsteht über älteren Mauerzügen, die zu einem karolingischen Herrschaftskomplex mit angeschlossenem Sakralbereich gehört haben könnten, im Bereich »Frankenbauer« ein Steinbau, der bei im Lichten 9,5 × 7 m und 1 m Mauerstärke ein Turmbau gewesen sein wird. Dem Herrensitz ist ein Wirtschaftsbereich zugeordnet, von dem aber erst ein Töpferofen und ein Grubenhaus untersucht werden konnten. Die südöstlich benachbarte Kirche St. Veit (»Kleine Basilika«) wird ebenfalls im 11. Jahrhundert erneuert und könnte zum Herrschaftsbereich des Unterregenbacher Dorfherrn gehört haben. Dieser Ortsadel von Unterregenbach dürfte nach der Zerstörung und dem Abbruch seines Herrensitzes in der ersten Hälfte des 13. Jahrhunderts 3 km südöstlich eine Höhenburg gegründet haben, aus der sich die Herren von Langenberg herleiten lassen. Diese vergeben jedenfalls den alten Wirtschaftshof *(curia)* in Unterregenbach als Hoflehen an ministeriale Dienstmannen.

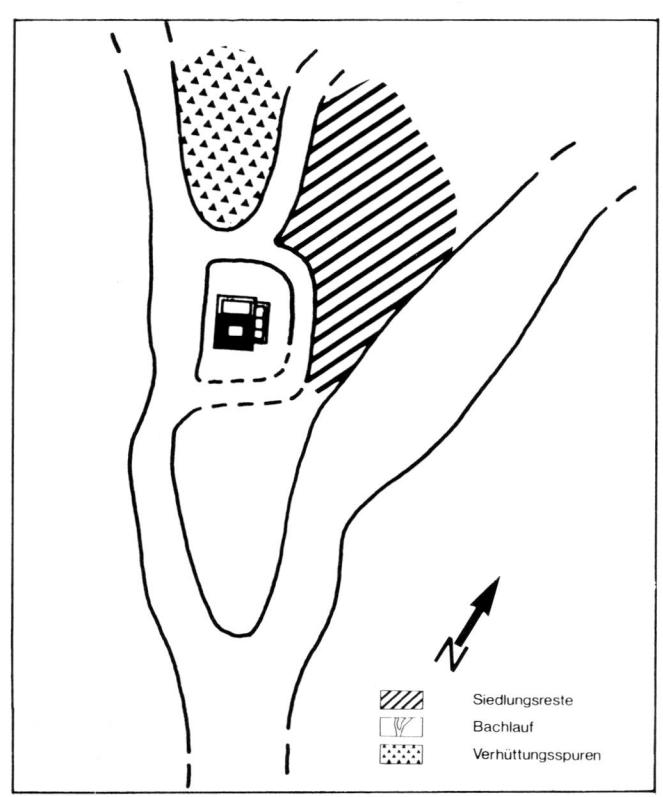

Abb. 44   Düna, Kr. Osterode. Der Herrensitz im Zustand nach 1100.

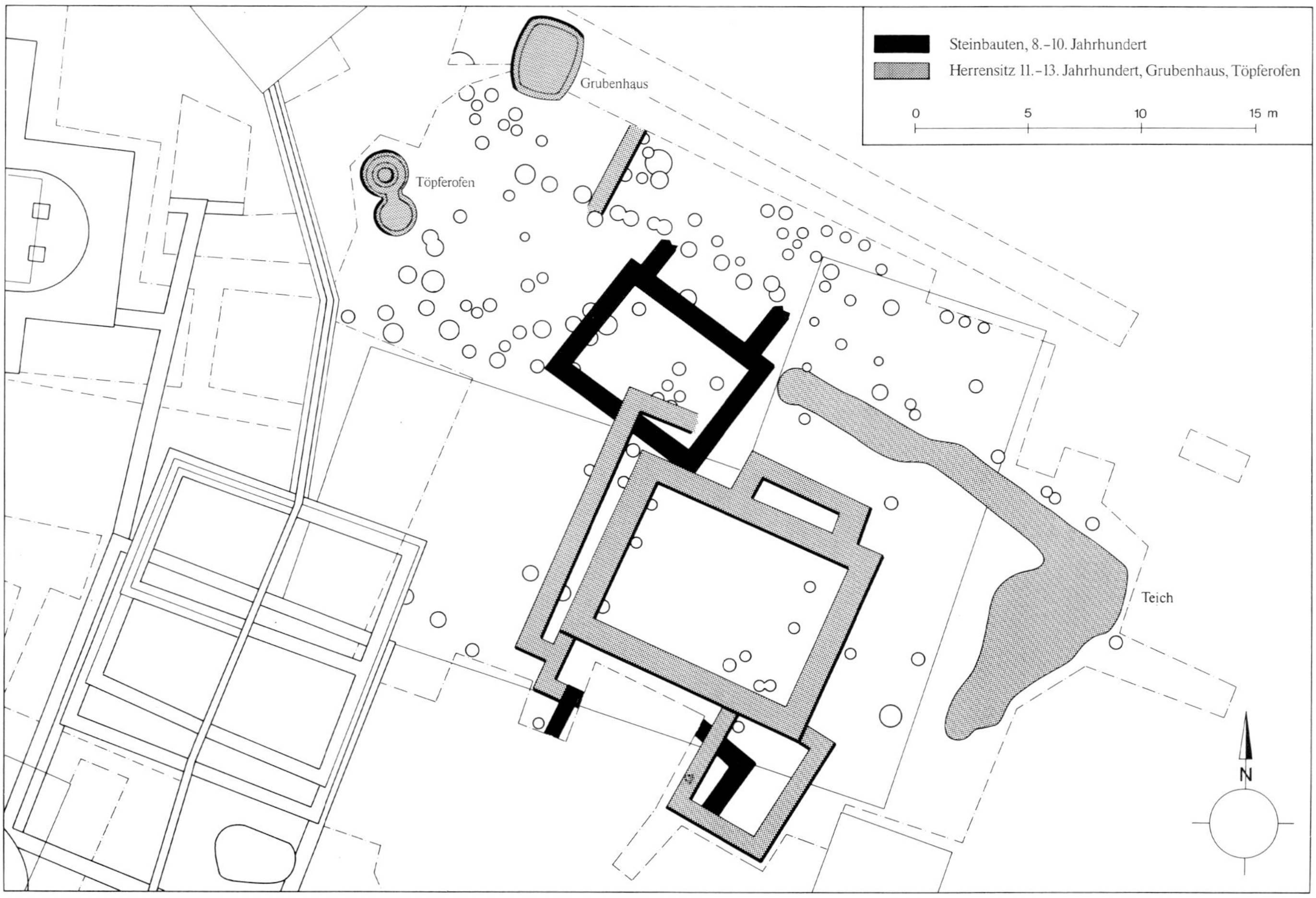

Siedlungsreste

Bachlauf

Verhüttungsspuren

Steinbauten, 8.–10. Jahrhundert

Herrensitz 11.–13. Jahrhundert, Grubenhaus, Töpferofen

0   5   10   15 m

Grubenhaus

Töpferofen

Teich

N

Abb. 45   Unterregenbach, Kr. Schwäbisch Hall. Salischer Herrensitz.

MENSCH UND TIER

(Der neue Speiseplan verändert die Körpergröße)

Das äußere Erscheinungsbild des Menschen hat sich im Laufe der Geschichte immer wieder stark geändert. Die historische Anthropologie hat als wichtigsten Einflußfaktor die Ernährungsweise während der Wachstumszeit ermittelt. Von Bedeutung sind weiterhin die Arbeitsbelastung und der Krankheitsverlauf in der Jugendzeit, Streßfaktoren, Klimabedingungen und anderes [59]. Es sind also vor allem die Nahrungsbestandteile, die wachstumshemmend oder -fördernd sein können (hochwertige Eiweißmengen zum Beispiel begünstigen das Längenwachstum). Mit dem Zurücktreten der Bedeutung der Viehzucht zugunsten des Ackerbaus im hohen Mittelalter (Zeitalter der »Vergetreidung«!) nimmt der Anteil des tierischen Eiweißes in der Nahrung bei den meisten Menschen drastisch ab und Getreidebreie (vor allem aus Hirse und Hafer) und (Roggen-)Brot deutlich zu. Allerdings verschwinden auch Fleischgerichte nicht vom Speiseplan.

Gegenüber der Völkerwanderungszeit, über die wir durch reichlich fließende Skelettdaten aus den Reihengräberfriedhöfen gut informiert sind, erfolgt bei der Masse der Bevölkerung nun eine deutliche Verringerung der Körperhöhe um durchschnittlich 5 cm, bei den Männern, auf die ich mich im folgenden beschränken werde, auf etwa 170 cm im Norden und 165 bis 170 cm im Süden Deutschlands. Kaum oder nur gering ist dagegen die Abnahme bei den Angehörigen der Oberschicht, die bei weiterhin durchschnittlich 170 bis 175 cm Körpergröße für die Männer liegt. Deren körperliche Reduktion erfolgt erst nach 1300, dann aber sehr schnell auf das seit dem hohen Mittelalter ziemlich gleichgebliebene Niveau der anderen Volksschichten (Abb. 46).

Überprüfen und ergänzen wir diese Angaben an nordhessischen hoch- und spätmittelalterlichen Skelettserien, die M. Kunter untersuchte [60]. Daten aus Fritzlar, Holzheim und Kirchberg (alle Schwalm-Eder-Kreis) liefern für den männlichen Teil des Adels eine mittlere Körperhöhe von 179 cm und für die bäuerliche Dorfbevölkerung 174 cm. Die männlichen Angehörigen der Holzheimer Dorfherrschaft (und ihrer Familia) weist mit 177 cm ziemlich genau den Mittelwert auf. Sie hebt sich damit zwar merklich, aber nicht sehr markant von den übrigen Dorfbewohnern ab. Die äußere Erscheinung der hoch- und spätmittelalterlichen Bevölkerung zeigt nach den Grabfunden einen kräftigen, robusten Menschenschlag mit starken Muskelansatzmarken an den oberen und unteren Extremitäten (Abb. 35–37, 48, 50). Sie deuten auf lebenslange schwere körperliche Arbeit hin (dies gilt auch für die weibliche Dorfbevölkerung, während der grazile Skelettbau der adligen Dame auf überwiegend verwaltende Tätigkeit verweist).

Häufige pathologische Veränderungen an der Wirbelsäule und an den größeren Gelenken sind Folgen dieser körperlichen Schwerarbeit. Karieserkrankungen sind in Holzheim dagegen relativ selten: 9 Prozent, das heißt, nur jeder zehnte Zahn wurde befallen (die heutige Karieshäufigkeit liegt demgegenüber bei 50 % und teilweise mehr!). Die mittlere Lebenserwartung bei der Geburt beträgt bei der nordhessischen Bevölkerung im Mittelalter nur 36,4 Jahre, bei den Mädchen ist sie noch um vier Jahre geringer (Bundesrepublik Deutschland 1978/80: Jungen 69,6 Jahre, Mädchen 76,4 Jahre!). Die Kindersterblichkeit ist hoch. Die Altersverteilung im Dorf Holzheim zeigt für die Subadulten (0–20 Jahre) einen Anteil von etwa 47 Prozent (davon unter sechs Jahren ca. 20 Prozent). Der Anteil der im Dorf lebenden sehr alten Menschen (über 60 Jahre) liegt ebenfalls bei 10 bis 15 Prozent.

59 Wurm, Körpergröße und Ernährung (1986).

60 Die von dem Anthropologen M. Kunter (Gießen) in der abschließenden Publikation vorgelegten Untersuchungen betreffen Grabfunde aus der Stiftskirche St. Peter in Fritzlar (Adel und Klerus) und von den Kirchhöfen der Pfarrkirche in Kirchberg (bäuerliche Dorfbevölkerung) und St. Thomas in Holzheim (kleinadelige Dorfherrschaft und ihre »Familia«). Die Dorfbevölkerung Holzheims hatte ihre Bestattungsstätte bei der 2 km entfernten Mutterkirche auf dem Büraberg. Die Bestattungsverhältnisse waren damit ähnlich wie in Gommerstedt, wo ebenfalls nur die Familie des Burgherrn bei der Dorfkirche begraben wurde (Timpel, Gommerstedt [1982] 59).

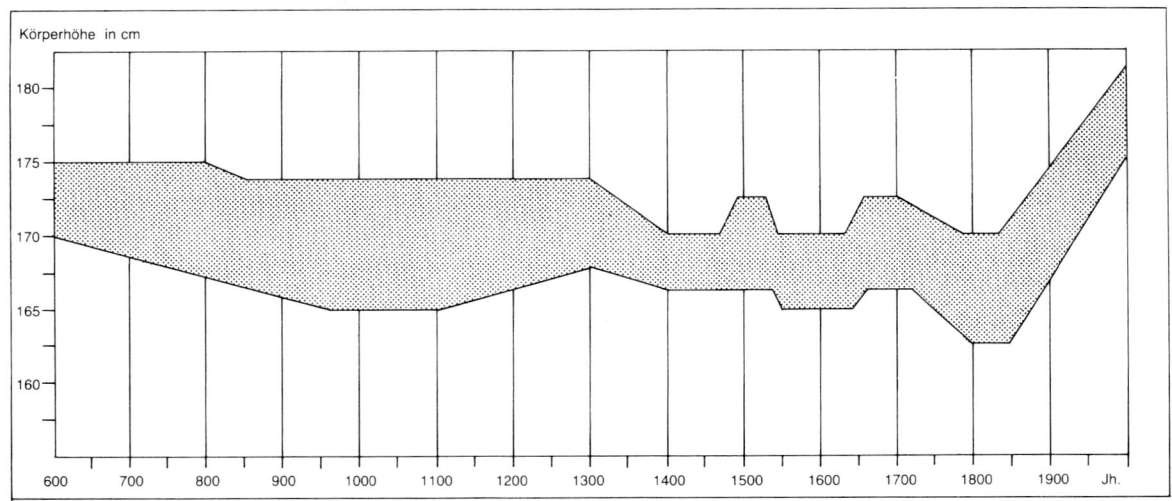

Abb. 46   Die durchschnittlichen Körperhöhen der Männer in Deutschland von der Merowingerzeit bis heute, mit Schwankungs-
bereich (nach M. Kunter).

Die anthropologischen Untersuchungen von M. Kunter lassen auch die Aussage zu, daß die Krankheits-
belastung, die Ernährungsweise, die hygienischen Verhältnisse und die medizinische Versorgung im
mittelalterlichen Nordhessen, aber auch in vergleichbaren anderen Landschaftsräumen, in der Stadt und
auf dem Land ziemlich gleich waren.

Über die Tierhaltung im Dorf der Salierzeit geben die bei den Grabungen massenhaft anfallenden
Knochenfunde – sie nehmen neben der Keramik den größten Anteil am Fundgut ein – ausreichend
Auskunft. Die veterinäranatomische Forschung widmet sich mit osteoarchäologischen Untersuchungs-
methoden der Analyse dieses Materials mit dem Ziel, Aussagen über das Bild der Haustiere, die Art ihrer
Haltung und die Ernährungsweise der Bevölkerung zu gewinnen. Auch Aufschlüsse über die gewerbli-
che Produktion, die medizinische Versorgung, die Freizeitgestaltung und anderes sind möglich.
Weiterhin kann, zumindest ausschnittsweise, auch die Tierwelt in der Umgebung des Dorfes beschrie-
ben werden. Für die Verhältnisse im Mittelgebirgsraum zur Salierzeit liegen insbesondere aus den
Wüstungen Gommerstedt/Thüringen und Holzheim/Hessen aussagekräftige Ergebnisse vor, die auch
teilweise schon soziale Differenzierungen zulassen[61].

Es wird nicht überraschen, daß im salischen Dorf alle vom heute bestehenden Bauernhof bekannten
Tierarten bereits gehalten werden, also Pferd, Rind, Schwein, Schaf, Ziege, Huhn, Gans, Ente sowie
Hund und Katze (Abb. 35, 36, 47). Seltener ist heute der Esel (Gommerstedt). Von den Wildtieren der
Umgebung des salischen Dorfes wurden nachgewiesen: Wildschwein, Hirsch, Reh, Hase, Rebhuhn,
Gänsegeier und Holztaube (alle Gommerstedt), für Holzheim außerdem noch Biber und Iltis.

Für das Pferd haben die Holzheimer Untersuchungen den im Dorf einheitlichen Typus eines
mittelschlankwüchsigen Pferdes mit einer Widerristhöhe von etwa 140 cm ergeben. Der Wert entspricht
ziemlich genau dem Mittelwert mittelalterlicher Siedlungen (unter anderem Wülfingen). Der Holzheimer Pferdetyp ist gut vergleichbar dem (allerdings 5 cm kleineren) heutigen Islandpferd. Da die
Meßwerte für die Tiere des Dorfherrn und der bäuerlichen Bevölkerung übereinstimmen, hat es wohl
eine gezielte, frühe Landpferdezucht in Holzheim gegeben. Das Pferd dient als Reit- und Zugtier und
kommt deshalb erst spät zur Schlachtung. Der Besitz eines Hengstes stellte einen außerordentlichen
Wert dar, der etwa drei guten Ochsen entsprach.

61 Timpel, Gommerstedt (1982) 91 f. Das gesamte osteo-
archäologische Material der Wüstung Holzheim wurde im
Institut für Veterinäranatomie der Freien Universität
Berlin (Leitung: Prof. Dr. K. Donat) von A. Guba,
K. Helmich und M. Stehr bearbeitet. Die Vorlage erfolgt
in der Gesamtpublikation (1991).

Das Rind erreicht in der Niederungsburg Holzheims einen Widerristwert von etwa 105 cm, die Werte im bäuerlichen Areal (und anderen mittelalterlichen Siedlungen) sind um 3–6 cm niedriger. Ähnlich unterscheiden sich die Größenverhältnisse bei den Ochsen (120–125 cm in der Burg, 5–10 cm geringer auf den bäuerlichen Höfen). Bei gleicher Nutzung steht dem Herrn der Niederungsburg ein besseres Tiermaterial zur Verfügung. Das Rind ist wichtigster Fleischlieferant in Holzheim. Außerdem dient es der Milch- und Käsegewinnung und erbringt Zugleistung, wenn auch aus den fehlenden Schäden an den Skeletten auf keine längere, starke Beanspruchung geschlossen werden kann: Im salischen Holzheim hat das Pferd bereits Kuh und Ochse als Zugtier verdrängt.

Bei den Schweinen, dem häufigsten Nutztier des Hofes, sind die Größenverhältnisse innerhalb des Dorfes wieder ziemlich ausgeglichen (mit 67,5–83,5 cm liegt das Holzheimer Schwein aber in der oberen Hälfte der Werte für Siedlungen des Mittelalters, zweifellos die Folge eines günstigen Biotops mit größeren Buchen- und Eichenbeständen in Dorfnähe). Bemerkenswert ist allerdings die Abweichung bei dem Schlachtalter: Während im Dorf etwa ein Viertel aller Schweine innerhalb des ersten Lebensjahres geschlachtet wird, sind es in der Burganlage nur 7 Prozent. Vermutlich stammen deshalb auch diese Jungtiere nicht aus der Tierhaltung der Burgbewohner, sondern sind als Abgaben der Dorfbevölkerung anzusehen.

Abb. 47   Tierhaltung auf dem mittelalterlichen Bauernhof, im Hintergrund Taubenturm und Bienenstand (Augsburg 1532).

Die kleinen Wiederkäuer Schaf und Ziege erreichen mit etwa 60 cm Widerristhöhe die Größe unserer heutigen Heidschnucken. In ihren Bedürfnissen anspruchslos, haben sie als Milch-, Käse- und Wollieferanten für die Ernährung und Kleiderherstellung der Dorfbevölkerung eine große Bedeutung. Über das Aussehen des Geflügels informieren uns auch die Kalendarien (Abb. 47): Die Knochen sind wegen der schlechten Erhaltungsmöglichkeiten wenig aussagefähig.

Beim Hund helfen, da er nicht zu den Schlachttieren gehört, nur Zufallsfunde. So wurde in Holzheim ein Tier der salischen Zeit liebevoll in einem Grubenhaus bestattet und konnte deshalb bestimmt werden: Aus dem Körperbau und einer Widerristhöhe von etwas über 50 cm ergibt sich die Ähnlichkeit zu unseren heutigen Bracken, am nächsten wohl zum kleinen Münsterländer.

Einen interessanten Einblick geben die Biberfunde aus Holzheim. Der Biber, bei der Nähe des Rimbaches und der Eder nicht unerwartet, wurde wegen der Qualität seines Felles, seines wohlschmeckenden Fleisches, insbesondere aber wegen des begehrten Bibergeils gejagt, einer nach Phenol riechenden Masse, die im Mittelalter als vielgepriesenes Heilmittel bei vielen Krankheiten verordnet wurde.

Bei der Fleischernährung wird im salischen Holzheim dem Rindfleisch mit 44 Prozent Anteil am Gesamtverzehr deutlich gegenüber dem Schweinefleisch (mit 17 Prozent) der Vorzug gegeben. Erstaunlich ist der hohe Anteil an verzehrtem Pferdefleisch (mit 25 Prozent), ein Befund, der aber auch in Gommerstedt mit 23 Prozent erreicht wird. Schaf und Ziege spielten auf dem Speiseplan eine untergeordnete Rolle, ebenso die Wildtiere. Auch der Beitrag des Geflügels fällt nicht ins Gewicht. Während sich in Holzheim in der Zusammensetzung der Ernährung zwischen Dorfbevölkerung und Dorfherrschaft keine Unterschiede erkennen lassen, ist der Verzehr von Wildbret in der Burg Gommerstedt deutlich höher als in der außerhalb der Burg liegenden Siedlung und an anderen Siedlungsplätzen.

Die Weiterverarbeitung von Tierknochen aller Tierarten zu Werkzeugen und Geräten im Rahmen des dörflichen Handwerks ist durch Schnitzspuren an den Knochen, aber auch durch Ganz- und Halbfertigungsprodukte (Kämme, Ahle, Knöpfe, Löffel, Kerbflöten und Schlittknochen) nachgewiesen. Die Tierknochenfunde belegen, daß die Tierhaltung im salischen Dorf zahlreichen Zwecken dient, und selbst die Knochen, das Fell und die Haut der Tiere sind als wichtige Rohstoffe für die Dorfbevölkerung von großem Nutzen.

DIE NEUE WIRTSCHAFTSFORM

(Belege im archäologischen Fundgut)

Der salische Bauernhof betrieb noch nahezu ausschließlich Hauswirtschaft, das heißt, er produzierte nur für den Eigenbedarf, erwirtschaftete also keinen Überschuß, sondern gerade eben so viel, daß der Unterhalt der Hofgemeinschaft gesichert war und die Abgaben der Renten- und Dienstleistungen aufgebracht werden konnten (Abb. 48). Eine Vorratswirtschaft (für kommende Mißernten), die über die Rücklagen des Erntegutes für die nächste Aussaat hinausging, war im Getreidebau bei der geringen Produktivitätsrate vom Drei- bis Vierfachen der Aussaat, trotz der Steigerung um fast das Doppelte der karolingischen Zeit, kaum möglich [62]. (Entsprechend sind auch die dafür deutbaren Nebengebäude, wie etwa die Pfahlrostspeicher, im Hausbestand des normalen bäuerlichen Hofes selten.) Im Mittelpunkt der bäuerlichen Arbeit steht die Agrarproduktion, betrifft sie doch die Ernährungsgrundlage der Familie. Auf unserem Schaubild ist die Getreidewirtschaft in unserem »idealen« Dorf durch mehrere, verschiedenartig bebaute und brachliegende Felder um den Siedlungsbereich bezeugt.

---

62 Belege bei Rösener, Bauern (1985) 144.

Abb. 48   Bauern bei der Abgabe ihres Zinses in »Naturalien« (Käse, Geflügel, ein Lamm). Der Herr mit Hut und langem Gewand, die Bauern in kurzen Kitteln, wollenen oder leinenen Beinkleidern, mit Lederschuhen oder Stulpenstiefeln und dem Haumesser im Gürtel (Augsburg um 1477).

Damit soll das Frühstadium der Dreifelderwirtschaft anschaulich werden, bei der zahlreiche, kleingegliederte Block- und Streifenfluren, je nach der Bodengüte und den topographischen örtlichen Gegebenheiten, mehr oder weniger systematisch in der Siedlungskammer verteilt, charakteristisch sind. Denn die voll ausgebildete Dreifelderwirtschaft, die sogenannte Dreizelgenwirtschaft, bei der die Gewannflur in drei Großfeldern (Zelgen) zusammengefaßt wird und damit die Bauern in eine feste zeitliche Rotation einbindet, verbreitet sich in Deutschland sehr wahrscheinlich erst seit dem 12. oder sogar erst seit dem 13. Jahrhundert[63].

Archäologische Zeugnisse der Dreifelderwirtschaft sind vor allem die im Fundgut eingelagerten, für diese Wirtschaftsweise typischen Getreidearten. Ihrer Erforschung hat sich die (Mittelalter-)Paläo-Ethnobotanik angenommen[64]. Bei der Untersuchung hochmittelalterlicher Getreidefunde wurde der steigende Anbau des Roggens eindeutig erwiesen. Auch Saat-Weizen, Gerste und Saat-Hafer sind stets gut im Fundgut vertreten, während Dinkel, Rispenhirse und Emmer gegenüber dem Frühmittelalter stark abnehmen und nur noch regionale Bedeutung behalten. Unter den Öl- und Faserfrüchten erreichen Lein, Mohn und Hanf die größte Bedeutung, Leguminosen wie Ackerbohne, Linse und Erbse werden auf den Feldern, möglicherweise aber auch schon in Hausgärten angebaut.

Der für die Fruchtfolge der Dreifelderwirtschaft wichtige Nachweis, daß Roggen und Weizen als Wintergetreide angebaut werden, geht aus der Beimischung von Diasporen (Samen) von Winterunkräutern hervor, während Hafer, Rispenhirse sowie die Leguminosen und die Ölfrüchte »per se« typische Sommerfrüchte darstellen.

Ein weiterer Beleg für die Ausübung der Dreifelderwirtschaft in salischer Zeit sind die in den Siedlungsgrabungen aus dieser Zeit gefundenen Gegenstände, die als spezifisch dem Getreideanbau dienende Gerätschaften angesprochen werden können (zum Beispiel Pflugschar, Sichel, Eggenzinken, Hacken und Spatenbeschläge) (Abb. 49, 50). Bei vielen Geräten war der Holzanteil aber so hoch, daß sie dem archäologischen Zugriff entgehen und nur aus den Erntebildern der Kalendarien bekannt sind (zum

63 Rösener, Bauern (1985) 130.
64 Willerding, Produktionsstrukturen (1986).

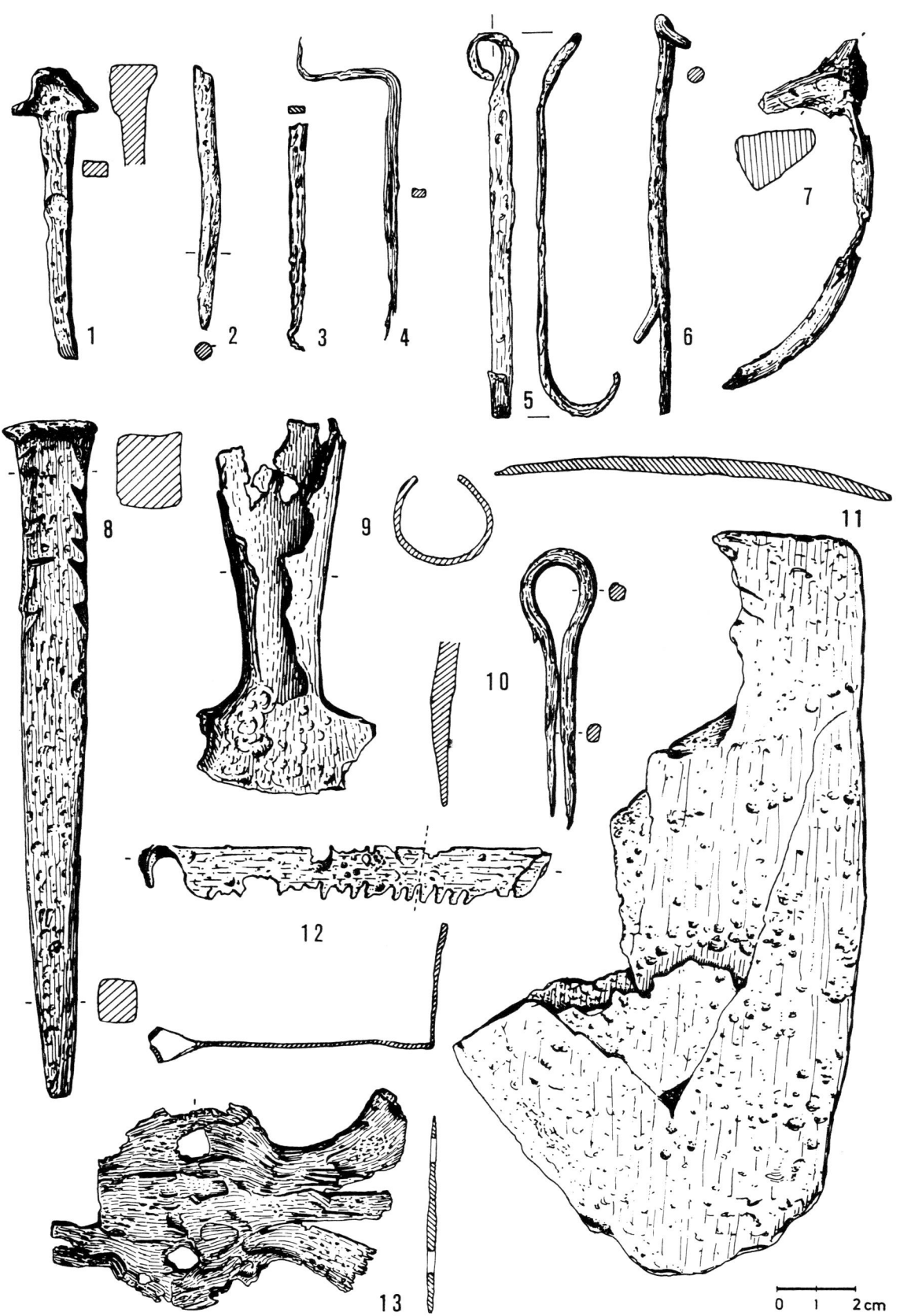

1

2

3

4

5

6

7

8

9

10

11

12

13

0   1   2 cm

60

◁ Abb. 49
Eisengegenstände aus der Wüstung Gommerstedt,
Kr. Arnstadt, darunter für den Getreideanbau ein Eggenzinken
(49,8) und der Teil einer Pflugschar (49,11).

Abb. 50
Bodennahe Ernteweise des Getreides mit gezähnter Bogensichel
(Herrad von Landsberg, Hortus deliciarum, 12. Jahrhundert).

Beispiel fast alle Geräte des Ausdreschens wie Dreschflegel, Kornschaufel und Kornsieb [Abb. 36].
Selbst am Erntewagen sind nur wenige Teile aus Eisen).
Die Qualität der meisten Werkzeuge und Geräte des Dorfes ist allerdings recht bescheiden. Ursache
dürfte ihre Herstellung vorwiegend in Heimarbeit gewesen sein: Der Bauer ist noch sein eigener
Zimmermann, Küfner, Stellmacher, Seiler, Korbflechter und vielleicht auch noch Schmied. Allein die
Eisenverarbeitung könnte – wie zum Beispiel der Schmelzofen von Wülfingen beweist[65] – für das Dorf
zentral vorgenommen worden sein. Über wirklich kostbare Gegenstände, wie das aus einem Grubenhaus neben dem Wohnturm in Holzheim geborgene Beinkästchen (Abb. 51), verfügt mit Sicherheit
lediglich die Dorfherrschaft.

DAS BILD DER SIEDLUNGSKAMMER

(Vielfalt von Fauna und Flora)

Die Siedlungskammer des salischen Dorfes läßt sich in verschiedene Teilbereiche gliedern (Abb. 52). Im
Zentrum liegt der Siedlungsbereich mit den Gehöften, Wiesen, Fahrwegen und den zwischen den Höfen
gelegenen Gärten mit Obstkulturen (Süßkirsche, Pflaume, Apfel und Birne) und Sonderkulturen (Lein
für die Flachsgewinnung, Hopfen und Mohn)[66]. Für das salische Holzheim, das nach den Ausgrabungen
etwa 10 bis 15 Hofstellen umfaßt und damit wohl zu den größeren Dörfern gezählt haben wird, umfaßt
dieser Kernbereich etwa 5 ha.

65 Schulze-Dörrlamm, Wülfingen (1991) 43 ff.
66 Alle folgenden Angaben zur hochmittelalterlichen Vege-
tation und Landschaftsgliederung nach den Untersuchungen U. Willerdings am Fundgut aus den Wüstungen Dü-
na/Osterode und Leisenberg bei Spanbeck, Landkreis
Northeim (Willerding, Paläo-ethnobotanische Ergebnisse
aus Düna [1986]). In Kürze wird Willerding seine Untersuchungen aus Holzheim vorlegen.

Abb. 51 Fritzlar (Schwalm-Eder-Kreis), Wüstung Holzheim. Deckel eines Beinkästchens aus dem salischen Grubenhaus 17 NB der Periode 2 (um 1100) in unmittelbarer Nähe des Wohnturmes. Durchbrochene Arbeit aus mehreren Knochenplatten und -streifen, rad- und kreuzförmige Durchbrüche mit Kupferblech hinterlegt, Y-förmige Eisenbeschläge. Maße: L. 27 cm, Br. 17 cm.

Der ihn umschließende Nutzungsbereich ist aufzuteilen zwischen Feldflur, dem Grünland und dem Gehölz. Die Äcker der salischen Zeit dürften nach Analyse der Holzheimer Katasterkarte durch W. W. Jungmann ziemlich genau 200 ha eingenommen haben [67]. Zum Grünland gehören die Feuchtgebiete der Fluß- und Bachränder mit Röhricht, Erlen und Weiden. Diese Bereiche werden vorwiegend als einschürige Feuchtwiesen zur Heugewinnung, mit Einschränkung auch als Weideflächen für Rinder und Schweine genutzt (vgl. den Flurnamen »am Saurasen« in der Ederaue Holzheims). Das trockene Hanggelände dient mit seinen Magerrasen als Schafweide. Als Schweinehude bildet der anschließende lichtere Teil des Gehölzes mit seinen Eichen- und Buchenbeständen beste Voraussetzungen. Das Wildobst mit Brombeeren, Himbeeren, Schlehen, Haselnuß, Holunder und Walderdbeeren spielt für die Versorgung der Dorfbevölkerung eine große Rolle. Die Laubwälder decken den Bedarf als Bau-, Werk- und Brennholz. Zur Gewinnung von Knüppeln und Ruten für den Hausbau, Flechtzäune und Uferbefestigung wird eine Stockausschlagwirtschaft in den Mittel- und Niederwäldern betrieben. Hecken und Gebüsch entlang der Wege und als Knicks um die Ackerstreifen tragen zu einer mosaikartigen Gliederung des Landschaftsraumes bei, beste Voraussetzungen für die ermittelte Artenvielfalt von Flora und Fauna.

---

67 Diese Angaben entsprechen recht genau den Schätzungen der Mediävisten für die Größe einer mittelalterlichen Hufe: Rösener rechnet z. B. mit wenigstens 10 ha Land für eine Vollbauernstelle, gibt aber auch zu bedenken, daß unterschiedliche Bodenqualität, Grundherrschaftszugehörigkeit und Entstehungszeit zu sehr differierenden Größen führen können (Rösener, Bauern [1985] 138).

Abb. 52 Ausschnitt aus dem dörflichen Siedlungsbereich und seiner Umgebung in einer mittelalterlichen Darstellung (Vergil-Ausgabe, Straßburg 1502).

EXKURS:
LÄNDLICHE SIEDLUNGEN AUSSERHALB DES MITTELGEBIRGSRAUMES IN SALISCHER ZEIT

Das slawische Dorf Tornow in der Niederlausitz im 11. und 12. Jahrhundert

Am südwestlichen Rand des Spreewaldes fanden zwischen 1961 und 1969 in unmittelbarer Nähe des heutigen Dorfes Tornow, Kreis Calau, sehr umfangreiche Ausgrabungen statt, die eine Kontinuität der Besiedlung innerhalb der Siedlungskammer von der römischen Kaiserzeit bis zur Neuzeit belegen konnten. Der Siedlungsplatz wurde dabei wiederholt verlegt (Abb. 53). Vom 7. bis 12. Jahrhundert lag er auf dem »Borchelt«, einer schwachen, aber hochwasserfreien Erhebung, halbinselartig über einer Bachniederung. Die gesamte Siedlungsfläche im Umfang von etwa 2 ha wurde freigelegt. Vier in der Art der Bebauung stark differierende Siedlungsphasen konnten unterschieden werden[68].
Auch das Dorf des 11. und 12. Jahrhunderts (»Tornow D« genannt) wird, wie in den Jahrhunderten zuvor, westlich eines altslawischen Burgwalls, der aber bereits um 800 aufgegeben worden ist, angelegt.

68 Herrmann, Tornow (1991).

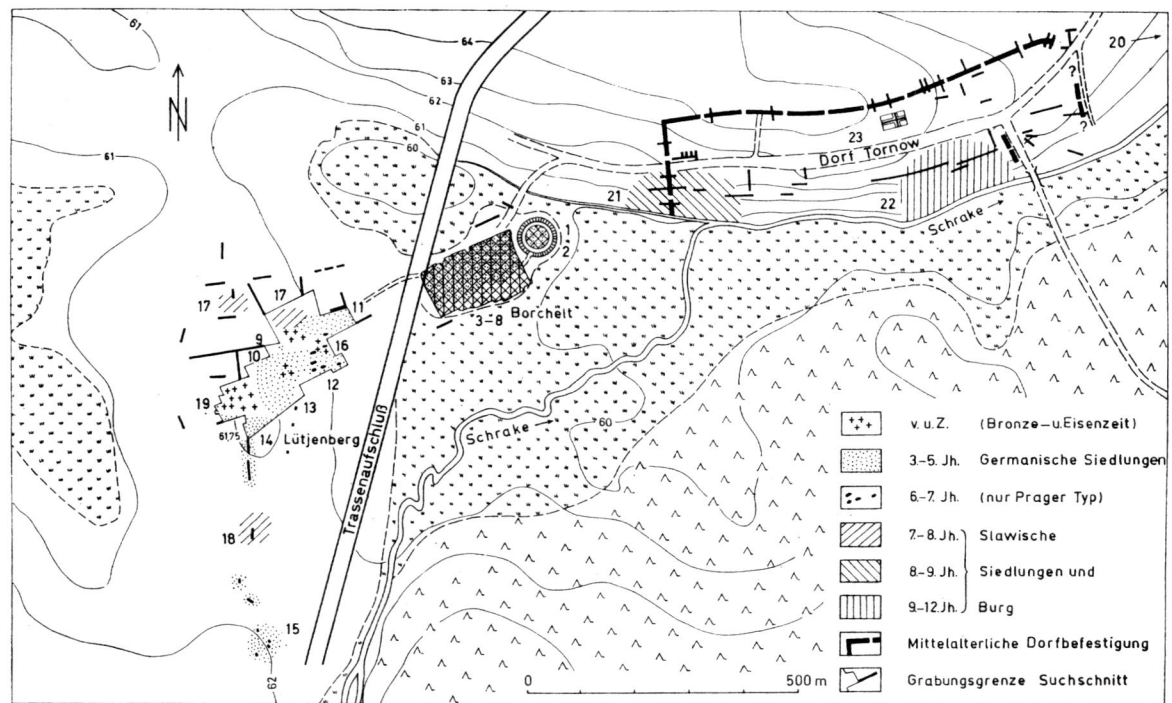

Abb. 53 Tornow, Kr. Calau. Die topographischen Verhältnisse und die Lage der germanischen und slawischen Siedlungen sowie des mittelalterlichen Dorfes von Tornow: 1–2 Slawischer Burgwall. 3–8 Slawische Siedlungen auf dem »Borchelt«.

Etwa 40 ebenerdige Gebäude und zahlreiche Gruben liegen ohne erkennbare Anordnung über die Siedlungsfläche verteilt. Nur an wenigen Stellen kommt es zu Gebäudekonzentrationen, ohne daß aber geschlossene Hofkomplexe mit einiger Sicherheit abzugrenzen wären (Abb. 54, 55)[69].

Allein eine Hofstelle, südöstlich vor dem Burgwall gelegen, setzt sich mit einer Gebäudeverdichtung von den anderen, weiter westlich angelegten Höfen ab (Hof I). Die herausragende Qualität des Wohnhauses, die besondere Zusammensetzung des Gebäudebestandes und auch die Ausstattung mit dem einzigen Brunnen des Dorfes[70] sprechen für die Annahme des Ausgräbers, in Hof I den Wohnsitz des kleinadeligen Dorfherrn zu sehen.

Wichtigstes Gebäude ist das Wohnhaus, ein etwa 6 × 12 m großes Blockhaus mit einem zentralen Herd und einer Teilunterkellerung. Mehrere in der Nähe gelegene kleinere Wohnhäuser könnten dem Aufenthalt des Hofgesindes gedient haben. Die wirtschaftliche Grundlage bilden Ackerbau und Viehzucht, wobei der letzteren die eindeutig größere Bedeutung zukommt. Rinder, Schweine und Schafe werden anscheinend ganzjährig im Freien gehalten und lediglich die Jungtiere in recht unbedeutenden Ställen (oder Anbauten) untergebracht. Dennoch ist Hof I kein bäuerlicher Wirtschaftsbetrieb im eigentlichen Sinne, eher durch die Verbindung mit einem Werkstattbereich charakterisiert. Denn als integrierte Elemente des Gehöftes finden sich zahlreiche Brenngruben mit Eisenschmelz- und Töpferöfen, teilweise auch mit Schuppen überbaut. Auch Pechgewinnung ist nachzuweisen.

Auch die Häuser der übrigen Hofverbände sind in Blockbautechnik errichtet. Eine regelhafte Verbindung von Wohnhäusern und Nebengebäuden ist wiederum nicht zu erkennen. Auch einige wenige

---

69 Die Interpretation des Ausgräbers als ein Siedlungskomplex aus etwa 8 Gehöften »entlang einer von der Siedlungsperiode A bis D im wesentlichen gleichartigen Wegeführung« (Herrmann, Tornow [1991] 101), die auch unseren Abbildungen zugrunde liegt, ist allerdings hypothetisch, siehe die Kritik von Donat, Haus, Hof und Dorf (1980) 127.

70 Die übrige Bevölkerung hat das Trinkwasser dem nahen Bach entnommen.

64

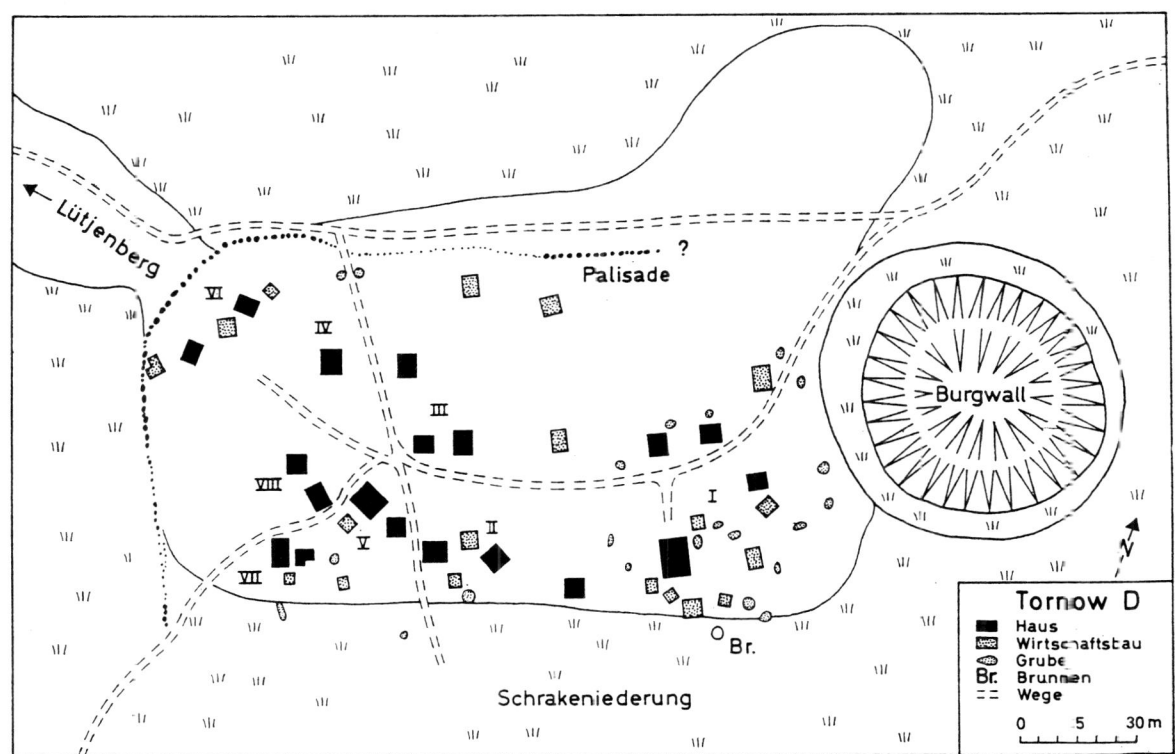

Abb. 54 Tornow, Kr. Calau. Schematisierter Grundriß der salischen Siedlung D (11./12. Jahrhundert).

eingetiefte viereckige Gruben bleiben in ihrer Funktion ungeklärt (»Schweineställe«?). Die Gesamtbevölkerung des Dorfes wird auf etwa 100 Personen geschätzt.

Im 12. Jahrhundert erhält zumindest die Nord- und Westseite des Dorfes eine Palisadenbewehrung. Kurz danach wird das Dorf durch Brand zerstört und seine Bevölkerung in das von deutschen und flämischen Bauern soeben gegründete Kolonisationsdorf Tornow aufgenommen. Die damals abgegangene Siedlung war als Vertreter des westslawischen Haufendorfes die charakteristische Siedlungsform Ostdeutschlands in salischer Zeit[71].

Das niederdeutsche Dorf an der Küste und in Westfalen in salischer Zeit

Mit Beginn der salischen Epoche setzt auch im niederdeutschen Raum »eine Zeit großer Innovationen«[72] ein: Aus dem Wohnstallhaus, das von der Eisenzeit bis ins Frühmittelalter fast unverändert tradiert wurde, entwickelt sich damals mit dem »dreischiffigen niederdeutschen Hallenhaus« ein Haustyp, der seitdem als sogenanntes Niedersachsenhaus oder Niederdeutsche Halle das Bild der großen Hauslandschaft zwischen Mittelgebirge und Nordseeküste prägt. Zwei große Ausgrabungen haben für diese Entwicklung besonders aufschlußreiche archäologische Belege geliefert: Dalem im nördlichen Weser-Elbe-Dreieck und Telgte-Wöste, Kreis Warendorf, in Westfalen[73].

Die Siedlung Dalem, über einer Niederung auf einer Geestinsel aus sandigem, leicht-lehmigem Boden gelegen, besetzt den Westteil einer Siedlungskammer, deren östlicher Teil noch heute von dem Dorf

71 Donat, Haus, Hof und Dorf (1980) 144 ff.
72 Reichmann, Ländlicher Hausbau (1991) 22.

73 Zimmermann, Dalem (1991); Reichmann, Ländliche Siedlungen (1982); Ders., Ländlicher Hausbau (1991).

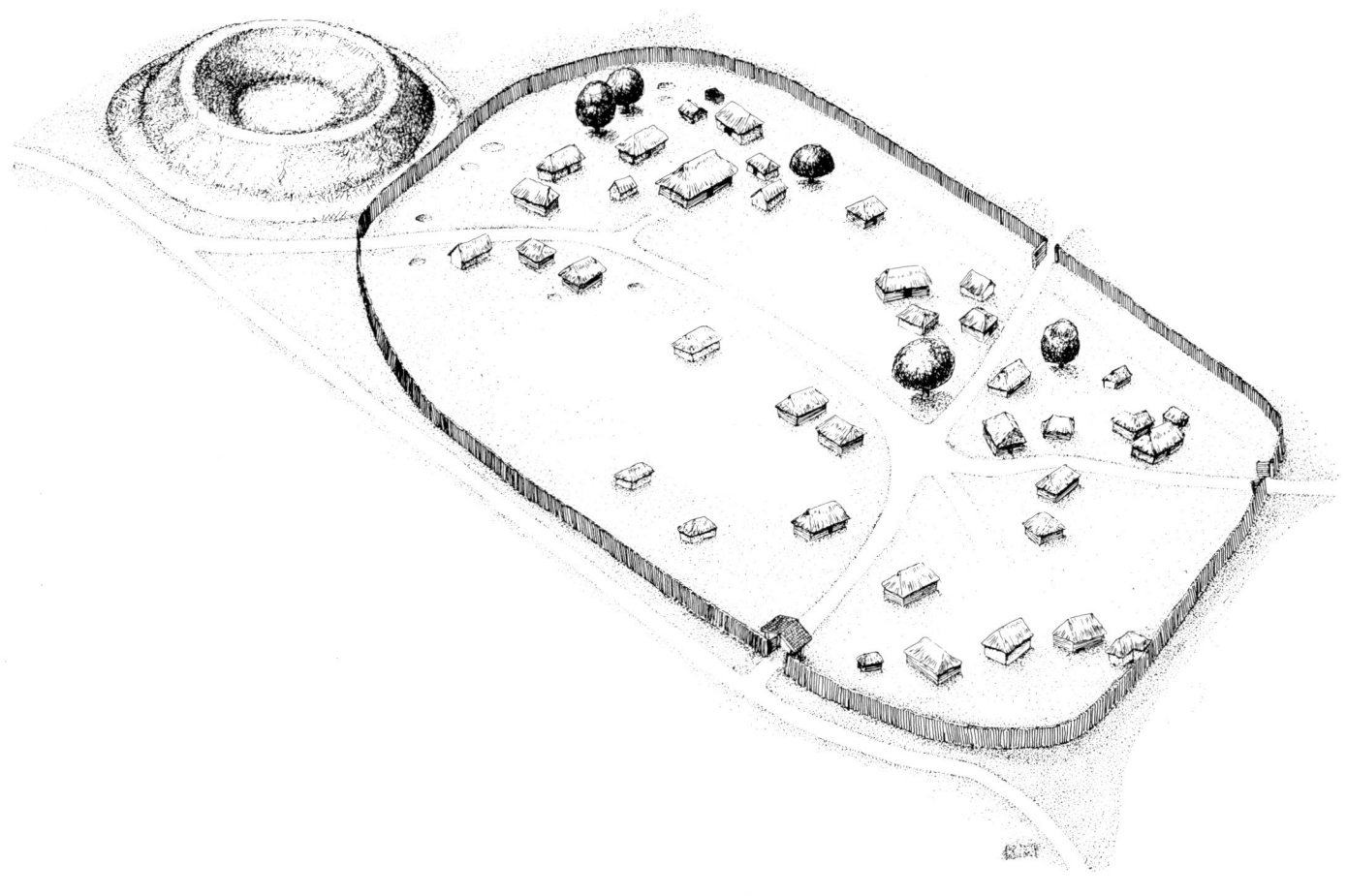

Abb. 55 Tornow, Kr. Calau. Rekonstruktionszeichnung der slawischen Siedlung D
(11./12. Jahrhundert) mit dem verfallenen Burgwall.

Flögeln eingenommen wird. In der etwa 2 ha großen Grabungsfläche Dalems zeigt sich eine Siedlungs-
kontinuität von 700 Jahren. Im Frühmittelalter besteht das Dorf als eine Reihensiedlung aus von Zäunen
umgebenen Viehhausgehöften. Infolge des gestiegenen Grundwasserspiegels muß die Siedlung im
10. Jahrhundert um etwa 60 bis 90 m weiter nach Westen verlegt werden (Abb. 56). Die Gehöfte setzen
sich aber weiterhin aus zum Teil sehr großen Wohnstallhäusern und Nebengebäuden zusammen, teils
mit schiffsförmigen, teils mit rechteckigen Grundrissen. Sonderformen sind die sogenannten Ruten-
berge, seitlich offene gestelzte Speicher für Getreide und Heu.
Sechs große Grubenhäuser verfügen über überdurchschnittlich große Gewichtswebestühle, mit denen
besonders breite Tuche hergestellt werden konnten (Abb. 57a, b). Hier scheint man über den Eigenbedarf hinaus für den Handel im friesischen Raum produziert zu haben. Dennoch liegt das Hauptgewicht
der bäuerlichen Tätigkeit auf Viehzucht und Ackerbau, für den bereits organische Düngung nachgewiesen wurde.
Vom salierzeitlichen Dorf Dalem ist bisher erst kaum die Hälfte freigelegt worden. Man rechnet mit
insgesamt mindestens acht Höfen. Sie bildeten, streng nebeneinander gereiht, den Siedlungstyp des
Reihendorfes.
Für den westfälischen Raum konnte von den Archäologen gezeigt werden, daß noch im frühen
Mittelalter die Tendenz zur Bildung geschlossener Siedlungen vorherrscht. Im hohen Mittelalter

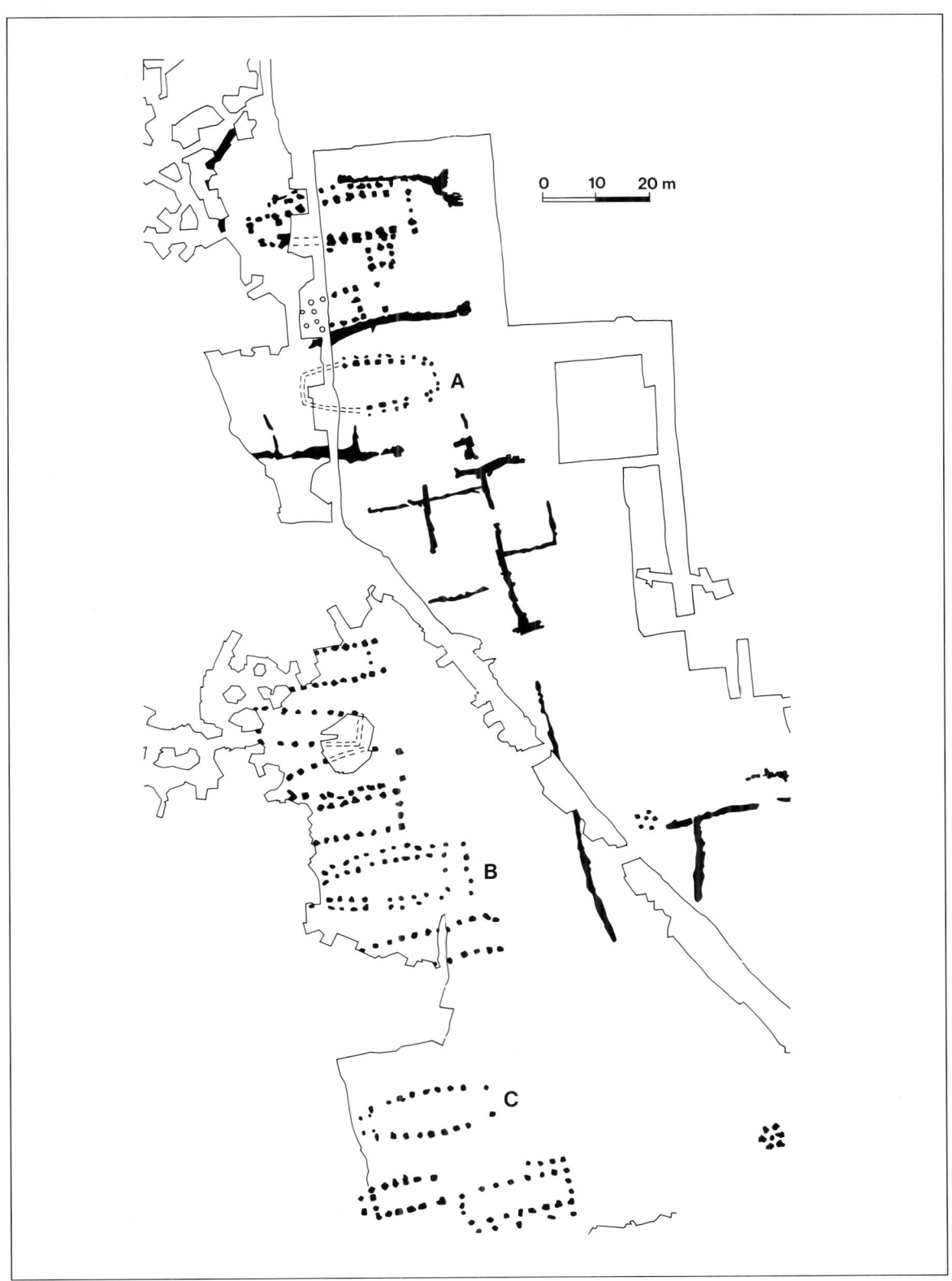

Abb. 56 Dalem, Kr. Cuxhaven. Der östliche Dorfbereich während des 12. und 13 Jahrhunderts.

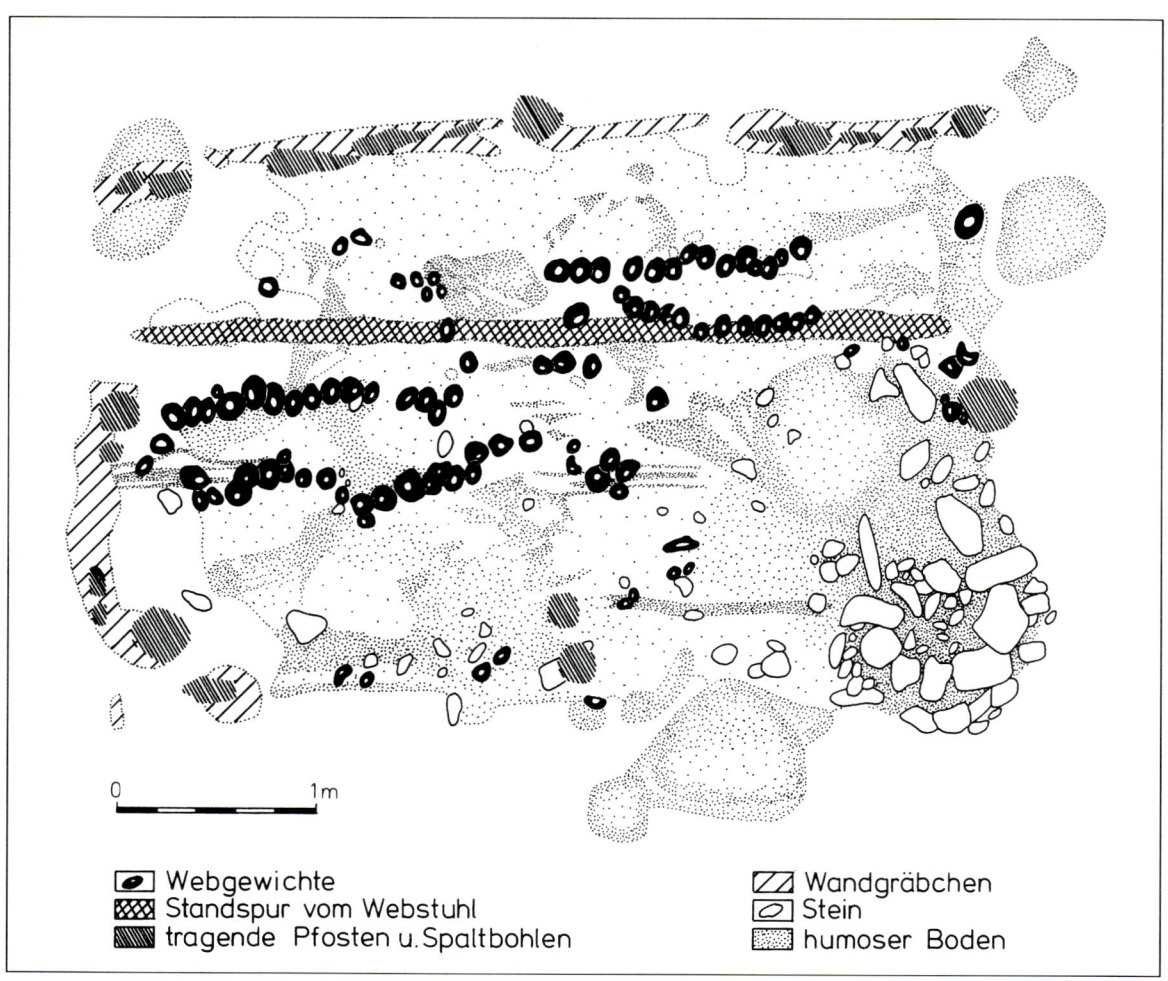

Webgewichte

Standspur vom Webstuhl

tragende Pfosten u. Spaltbohlen

Wandgräbchen

Stein

humoser Boden

Abb. 57a Dalem, Kr. Cuxhaven. Webgrubenhaus 9 mit Webgewichten, Standspur des Webstuhls und Ofen.

Abb. 57b Rekonstruktion eines salischen Gewichtswebstuhles in einem Grubenhaus nach einem Grabungsbefund (= Abb. 57a) aus der Siedlung Dalem, Kr. Cuxhaven.

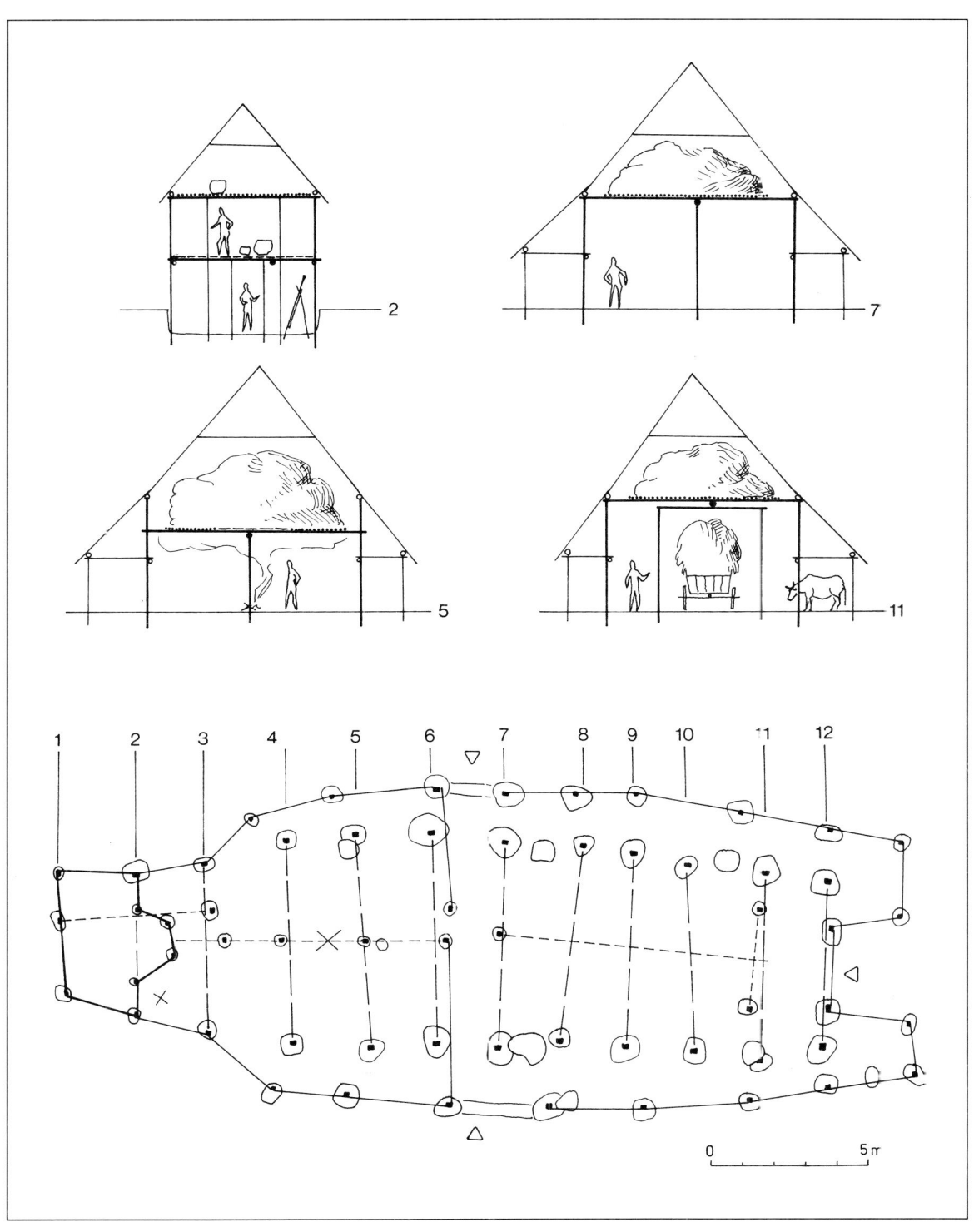

Abb. 58   Telgte, Kr. Warendorf. Gebindeeinteilung und rekonstruierte Querschnitte. Haus XXXV, Bau 3 (zweite Hälfte des 11. Jahrhunderts).

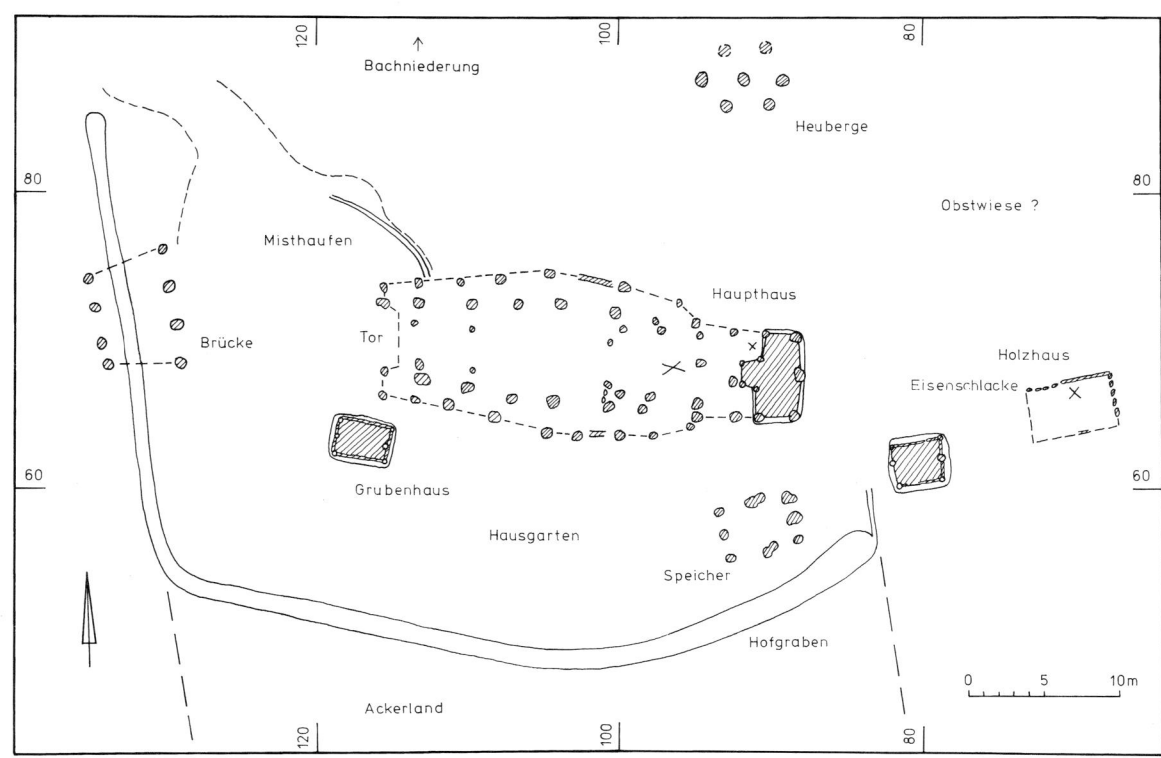

Abb. 59 Telgte, Kr. Warendorf. Grundriß der Hofanlage Haus XXXV (Mitte des 11. Jahrhunderts).

entstehen nach Teilungsvorgängen daraus Gruppensiedlungen wie etwa der »Ringdrubbel« (eine Form des Weilers) von Vreden, Kreis Borken, oder die Zweihofanlage in Telgte-Wöste[74].

Im 11. Jahrhundert wird nach Konstruktions- und Funktionsänderungen aus dem traditionellen Wohnstallhaus ein dreischiffiges Hallenhaus, das neben Wohnraum und Stall auch Speicher und Werkraum (zum Beispiel Webkammer und Dreschtenne) unter einem Dach vereinigt. Dazu wird die dreischiffige Hauskonstruktion durch Gebinde (konstruktive Quergliederung) in mehrere, unterschiedlich große Räume gegliedert (Kammer, Herdraum, Querdiele und Stall mit befahrbarer Längsdiele) (Abb. 58). Neu ist auch ein das gesamte Kammerteil überspannendes Obergeschoß. Darunter scheinen zu ebener Erde in einem Ofenraum feinere und gröbere Metallarbeiten ausgeführt worden zu sein. Das Untergeschoß bietet als Grubenkammer die klimatischen Voraussetzungen für einen Webraum. Die Innenräume des Hauses erhalten geschlossene Decken, die für das vermehrt anfallende Getreide (»ewiger Roggenbau«) weitere Raumkapazitäten für eine Zwischenlagerung erbringen.

Neben diesem Haupthaus verfügt die westfälische Hofanlage der salischen Zeit über mehrere Nebengebäude (darunter auch über Grubenhäuser und Pfahlrostspeicher als Heubergen) (Abb. 59). Ein Hofgraben umfaßt zumindest Teile des Hofraumes, darunter auch einen Hausgarten. Das Ackerland schließt sich, außer in einer Richtung (gegen eine Bachniederung), unmittelbar an die Hofstelle an. Die östliche Langstreifenflur ist dabei 67 m breit und besteht aus vier 15 bis 18 m breiten Ackerbeeten.

74 Reichmann, Ländliche Siedlungen (1982) 170 ff.

NACHWORT

Wohl nicht zufällig, ja nahezu immer, treten uns die Bauern auf den mittelalterlichen Darstellungen in Gruppen entgegen. Die Pflege der Nachbarschaft, die Hilfsbereitschaft und die Solidarität mit dem Dorfgenossen war auch zum Schutz der eigenen Interessen zwingend notwendig. Sie ist die Grundlage der ausgelassenen Fröhlichkeit auf den Dorffesten, die Gegenstand zahlloser Buchillustrationen sind, unübertrefflich in ihrer Atmosphäre und Wirklichkeitsnähe von den flämischen Malern behandelt – vor allem von dem unvergleichlichen Pieter Bruegel (mit dem ehrenden Beinamen »Bauern-Bruegel«), war er doch der sorgfältigste Beobachter und entschiedenste Anwalt seiner Bauern: Seine »Bauernhochzeit« (um 1567) ist noch immer ein Höhepunkt in der Darstellung der sozialen Verhältnisse im mittelalterlichen Dorf (Abb. 60). Diesem freudvollen, hellen Bild des bäuerlichen Lebens stehen aber die schweren Belastungen der »Sorge um das tägliche Brot« (D. Saalfeld) gegenüber. Zudem war die Lebenserwartung nach unseren heutigen Vorstellungen gering, und waren die alltäglichen Zwänge gewiß groß. Bei schweren Hungersnöten – und sie waren gerade im frühen Hochmittelalter nicht selten – bedeutete Lebendürfen die Gunst und die Kunst des Überlebens.

Die salische Epoche erweist sich, wie wir hoffen gezeigt zu haben, als eine reiche, vielschichtige Zeit, voller neuer Ideen und gewagter Unternehmungen. Wenn daraus »ein Aufbruch Europas« (K. Bosl) wird, so hat der Bauer, unter sehr unterschiedlichen Bedingungen an der Küste und im Mittelgebirge sich abmühend, einen unleugbaren, bedeutenden Anteil an dieser Entwicklung, mag er auch geringschätzig »von oben herab« von den höheren Ständen und selbst von den Städtern »über die Schulter« angesehen werden. Gerechtigkeit gegenüber seiner Leistung wurde ihm erst Jahrhunderte später zuteil. Der Bauer des Mittelalters erkannte seine historische Bedeutung aber zweifellos noch nicht:

> Nachbarlich wohnet der Mensch noch mit dem Acker zusammen,
>   Seine Felder umruhn friedlich sein ländliches Dach (...).
> Glückliches Volk der Gefilde! Noch nicht zur Freiheit erwachet,
>   Teilst du mit deiner Flur fröhlich das enge Gesetz,
> Deine Wünsche beschränkt der Ernten ruhiger Kreislauf,
>   Wie dein Tagewerk, gleich, windet dein Leben sich ab!
>
>   (Schiller)

Abb. 60 Pieter Bruegel (d. Ä.), Die Bauernhochzeit (um 1576)

Ein Dorffest, wie es nicht anders in salischer Zeit gewesen sein wird: in einer großen Hofscheune (in der Diele eines Fachwerkbaues mit gestampftem Lehmboden und Erntegeräten an den Wänden und im offenen Dachstuhl) wird von den Brauteltern (zur Linken der unter der Brautkrone sitzenden Braut) eine Hochzeit für die gesamte Dorfbevölkerung ausgerichtet. Die Gäste sitzen auf Bänken oder Schemeln um einen großen Eichentisch, der mit weißen Leinentüchern abgedeckt ist. Die Bauern, die Bäuerinnen und ihre Kinder tragen Kittel bzw. lange Röcke, lange Hemden, Beinlinge, Lederhalbschuhe und wollene Mützen bzw. Kopftücher. Ein vornehmer Herr in langem Pelzrock, mit Pelzmütze und umgegürteten Schwert (seinen Hund an der Seite) sitzt im Gespräch mit einem Geistlichen in einer Mönchskutte auf einem umgestürzten Bottich. Die Musik spielt auf (Dudelsack), weitere Gäste dringen links herein. Die Speisefolge ist wenigstens teilweise zu erkennen: das Fleischgericht ist bereits vorüber (Reste noch auf den Platten), der Nachtisch wird soeben von zwei Knechten auf einer ausgehängten Tür hereingetragen: auf hölzernen Tellern rote Grütze und Milchbrei. Als Getränk wird links Bier in Krüge abgefüllt, aus denen auch getrunken wird. Die Gerätschaften sind meist aus Holz (Teller, Holzbrettchen und Löffel), abgesehen vom Messer, das jeder im Gürtel mit sich führt. (Das [wenige] Zinngeschirr auf dem Tisch ist für das Hochmittelalter kaum zu erwarten.) Die unterschiedliche Kleidung der Festteilnehmer kennzeichnet die soziale Schichtung im Dorf: der Dorfherr und der Geistliche (Pfarrer?) auf der einen, die bäuerliche Dorfbevölkerung auf der anderen Seite. Eine Mittelposition wird jedoch mit herausgehobener Kleidung (langer Rock mit Pelzbesatz) dem Brautvater zuerkannt: man wird daher in ihm den Verwalter (Meier) des Herrenhofes vermuten können, in dessen Zehntscheune das Fest stattfindet.

Abel, Deutsche Landwirtschaft (1962).
W. Abel, Geschichte der deutschen Landwirtschaft vom frühen Mittelalter bis zum 19. Jahrhundert (1962).

Baumgarten, Bauernhaus (1985).
K. Baumgarten, Das deutsche Bauernhaus. Eine Einführung in seine Geschichte vom 9. bis zum 19. Jahrhundert (^{2}1985).

Bernhard, Speyer »Vogelgesang« (1982).
H. Bernhard, Die frühmittelalterliche Siedlung Speyer »Vogelgesang«. In: Offa 39, 1982, 217–233.

Böhme, Burgen der Salierzeit (1991).
H. W. Böhme (Hg.), Burgen der Salierzeit. 2 Bde. (Monographien des RGZM 25 und 26) (1991).

Born, Agrarlandschaft (1989).
M. Born, Die Entwicklung der deutschen Agrarlandschaft (Wissenschaftliche Buchgesellschaft Darmstadt: Erträge der Forschung 29), 2., unveränderte Auflage (1989).

Bosl, Europa im Aufbruch (1980).
K. Bosl, Europa im Aufbruch. Herrschaft, Gesellschaft, Kultur vom 10. bis 14. Jahrhundert (1980).

Christlein, Kirchheim (1980).
R. Christlein, Kirchheim bei München, Oberbayern: Das Dorf des frühen Mittelalters. In: Das archäologische Jahr in Bayern, 1980, 162f.

– Frühmittelalterliche Siedlung von Kirchheim (1982).
R. Christlein/O. Braasch, Das unterirdische Bayern. 7000 Jahre Geschichte und Archäologie im Luftbild (1982) 126f.

Dohrn-Ihmig, Krutzen (1986).
M. Dohrn-Ihmig, Eine frühe Kirche am Wege des toten Bonifatius. Krutzen im Kalbacher Feld, Stadt Frankfurt a. M. In: Germania 64, 1986, 500–532.

– Niddatal (1987).
M. Dohrn-Ihmig, Fränkische Kolonisten im Niddatal. Neue Ausgrabungen in Frankfurt. In: Archäologie in Deutschland 3, 1987, 32–37.

Donat, Haus, Hof und Dorf (1980).
P. Donat, Haus, Hof und Dorf in Mitteleuropa vom 7. bis 12. Jahrhundert (Zentralinst. Alte Gesch. und Arch. Akad. Wiss. DDR. Schr. Ur- und Frühgesch. 33) (1980).

Fehring, Archäologie des Mittelalters (1987).
G. P. Fehring, Einführung in die Archäologie des Mittelalters (Wissenschaftliche Buchgesellschaft Darmstadt: Die Archäologie) (1987).

– Unterregenbach (1972).
G. P. Fehring, Unterregenbach. Kirchen, Herrensitz, Siedlungsbereiche (Forsch. und Berichte Arch. des Mittelalters in Baden-Württ. 1) 1–3 (1972).

Fuhrmann, Hohes Mittelalter (1983).
H. Fuhrmann, Deutsche Geschichte im hohen Mittelalter von der Mitte des 11. bis zum Ende des 12. Jahrhunderts (Kleine Vandenhoeck-Reihe 1438) (^{2}1983).

Le Goff, Hochmittelalter (1965).
J. Le Goff, Das Hochmittelalter (Fischer Weltgeschichte 11) (1965).

Haverkamp, Aufbruch (1984).
A. Haverkamp, Aufbruch und Gestaltung. Deutschland 1056–1273 (1984).

Herrmann, Tornow (1991).
J. Herrmann, Das slawische Dorf Tornow in der Niederlausitz im 11. und 12. Jahrhundert. In: H. W. Böhme (Hg.), Siedlungen und Landesausbau zur Salierzeit, Teil 1 (Monographien des RGZM 27) (1991) 163–168.

Jankuhn, Siedlungsarchäologie (1977).
H. Jankuhn, Einführung in die Siedlungsarchäologie (De-Gruyter-Studienbuch) (1977).

Janssen, Dorf und Dorfformen (1977).
W. Janssen, Dorf und Dorfformen des 7. bis 12. Jahrhunderts im Lichte neuer Ausgrabungen in Mittel- und Nordeuropa. In: H. Jankuhn (u. a.), Das Dorf der Eisenzeit und des frühen Mittelalters (Abhandlungen Akademie der Wiss. Gött., Phil.-Hist. Klasse 3,101) (1977) 285–356.

– Gartenkultur (1986).
W. Janssen, Mittelalterliche Gartenkultur. Nahrung und Rekreation. In: B. Herrmann (Hg.), Mensch und Umwelt im Mittelalter (1986) 224–243.

– Genetische Siedlungsforschung (1988).
W. Janssen, Genetische Siedlungsforschung in der Bundesrepublik Deutschland aus der Sicht der Siedlungsarchäologie. In: K. Fehn (u. a.) (Hg.), Genetische Siedlungsforschung in Mitteleuropa und seinen Nachbarräumen. Bd. 1 (1988) 25–66.

– Königshagen (1970)
W. Janssen, Die Wüstung Königshagen (Führer zu vor- und frühgesch. Denkmälern 17) (1970) 98–114.

Keller, Regionale Begrenzung (1986).
H. Keller, Zwischen regionaler Begrenzung und universalem Horizont. Deutschland im Imperium der Salier und Staufer 1024 bis 1250 (Propyläen Geschichte Deutschlands 2) (1986).

Klappauf, Düna (1986).
L. Klappauf, Archäologische Prospektion, Befunde und Funde des frühmittelalterlichen Herrensitzes zu Düna. In: H.-H. Möller (Hg.), Düna/Osterode – ein Herrensitz des frühen Mittelalters (Arbeitshefte zur Denkmalpflege in Niedersachen 6) (1986) 46–59.

Reichmann, Ländlicher Hausbau (1991).
Chr. Reichmann, Der ländliche Hausbau in Niederdeutschland zur Zeit der salischen Kaiser. In: H. W. Böhme (Hg.), Siedlungen und Landesausbau zur Salierzeit, Teil 1 (Monographien des RGZM 27) (1991) 277–298.

– Ländliche Siedlungen (1982).
Chr. Reichmann, Ländliche Siedlungen der Eisenzeit und des Mittelalters in Westfalen. In: Offa 39, 1982, 163–182.

Rösener, Bauern (1985).
W. Rösener, Bauern im Mittelalter (1985).

Sage, Gladbach (1969).
W. Sage, Die fränkische Siedlung bei Gladbach, Kr. Neuwied. Ein Führer zum Diorama (Rhein. Landesmus. Bonn, Kl. Museumshefte 7) (1969).

Schäfer/Stachel, Unterregenbach (1989).
H. Schäfer und G. Stachel, Unterregenbach. Archäologische Forschungen 1960–1988 (Arch. Informationen aus Baden-Württ. 9) (1989).

Schulze, Verfassung im Mittelalter (1986).
H. K. Schulze, Grundstrukturen der Verfassung im Mittelalter, 2 Bde. (Urban-Tb. 371/372) (1985/1986).

Schulze-Dörrlamm, Wülfingen (1991).
M. Schulze-Dörrlamm, Das Dorf Wülfingen im württembergischen Franken während des 11. und 12. Jahrhunderts. In: H. W. Böhme (Hg.), Siedlungen und Landesausbau zur Salierzeit, Teil 2 (Monographien des RGZM 28) (1991) 39–56.

Schwind, Struktur des Dorfes (1977).
F. Schwind, Beobachtungen zur inneren Struktur des Dorfes in karolingischer Zeit. In: H. Jankuhn (u. a.) (Hg.), Das Dorf der Eisenzeit und des frühen Mittelalters (Abhandlungen der Akad. der Wiss. Göttingen, Phil.-Hist. Klasse 3, 101) (1977) 444–493.

Steinau, Düna (1986).
N. Steinau, Historisch-geographische Aspekte zur Erforschung der mittelalterlichen Siedlung Düna. In: H.-H. Möller (Hg.), Düna/Osterode – ein Herrensitz des frühen Mittelalters (Arbeitshefte zur Denkmalpflege in Niedersachsen 6) (1986) 10–16.

Wand, Holzheim in salischer Zeit (1991).
N. Wand, Holzheim bei Fritzlar in salischer Zeit – ein nordhessisches Dorf mit Herrensitz, Fronhof und Eigenkirche. In: H. W. Böhme (Hg.), Siedlungen und Landesausbau zur Salierzeit, Teil 1 (Monographien des RGZM 27) (1991) 169–207.

Weiß, Kirche St. Thomas zu Holzheim (1988).
U. Weiß, Die Kirche St. Thomas zu Holzheim bei Fritzlar (Schwalm-Eder-Kreis) in der schriftlichen Überlieferung. In: K. Sippel (Hg.), Beiträge zur Archäologie mittelalterlicher Kirchen in Hessen (Materialien zur Vor- und Frühgeschichte von Hessen 9) (1989) 71–75.

Willerding, Paläo-ethnobotanische Ergebnisse aus Düna (1986).
K. Willerding, Erste paläo-ethnobotanische Ergebnisse über die mittelalterliche Siedlungsanlage von Düna. In: H.-H. Möller (Hg.), Düna/Osterode – ein Herrensitz des frühen Mittelalters (Arbeitshefte zur Denkmalpflege in Niedersachen 6) (1986) 67–73.

– Produktionsstrukturen (1986).
U. Willerding, Landwirtschaftliche Produktionsstrukturen im Mittelalter. In: B. Herrmann (Hg.), Mensch und Umwelt im Mittelalter (1986) 244–256.

Winkelmann, Warendorf (1958).
W. Winkelmann, Die Ausgrabungen in der frühmittelalterlichen Siedlung bei Warendorf (Westfalen). In: Röm. Germ. Kommission (Hg.), Neue Ausgrabungen in Deutschland (1958) 492–517.

Zimmermann, Dalem (1991).
W. H. Zimmermann, Die früh- bis hochmittelalterliche Wüstung Dalem, Gem. Langen-Neuenwalde, Kr. Cuxhaven. Archäologische Untersuchungen in einem Dorf des 7.–14. Jahrhunderts. In: H. W. Böhme (Hg.), Siedlungen und Landesausbau zur Salierzeit, Teil 1 (Monographien des RGZM 27) (1991) 37–46.

ABBILDUNGSNACHWEIS

Abb. 1 Mecklenbeck, Stadt Münster (nach W. Müller-Wille). Aus: Keller, Regionale Begrenzung (1986) 247.
Abb. 2 Dienellandschaft. Aus: Rösener, Bauern (1985) Abb. 1.
Abb. 3 Fortschritte im Ackerbau. Aus: Le Goff, Hochmittelalter (1965) Abb. 2.
Abb. 6 Gesamtplan Krutzen, Stadt Frankfurt a. M. Aus: Germania 64, 1986, Beilage 5.
Abb. 7 Rekonstruktion Krutzen, Stadt Frankfurt a. M. Aus: Archäologie in Deutschland 3, 1987, 36 (nach M. Dohrn-Ihmig).
Abb. 8 Speyer »Vogelgesang«. Aus: Offa 39, 1982, Abb. 6 (nach H. Bernhard).
Abb. 9 Gesamtplan Gladbach, Kr. Neuwied. Aus: Donat, Haus, Hof und Dorf (1980) Abb. 31.
Abb. 10 Diorama Gladbach, Kr. Neuwied. Aus: Sage, Gladbach (1969) Abb. 3.
Abb. 11 Warendorf/Westf. Frühmittelalterliches Gehöft der Phase 4. Aus: Donat, Haus, Hof und Dorf (1980) Abb. 25.
Abb. 12 Warendorf/Westf. Rekonstruktionen frühmittelalterlicher Haustypen. Aus: Winkelmann, Warendorf (1958) Abb. 8.
Abb. 13a Kirchheim, Lkr. München. Aus: Christlein, Frühmittelalterliche Siedlung von Kirchheim (1982) 126.
Abb. 13b Kirchheim, Lkr. München. Rekonstruktionsversuch (nach R. Christlein). Aus: Das archäologische Jahr in Bayern (1980) 162.
Abb. 15 Unterregenbach a. d. Jagst, Siedlungslage. Aus: Schäfer/Stachel, Unterregenbach (1989) Abb. 4.
Abb. 16 Gommerstedt, Kr. Arnstadt. Gesamtplan. Aus: Timpel, Gommerstedt (1982) Abb. 20.
Abb. 17 Heudorf, Kr. Konstanz. Aus: Rösener, Bauern (1985) Abb. 4.
Abb. 18 Spätmittelalterliche, planmäßige Siedlungsformen. Aus: Rösener, Bauern (1985) Abb. 2.
Abb. 19 Firstsäulenbau. Aus: Baumgarten, Bauernhaus (1985) Abb. 9a.
Abb. 20 Pfostenwandkonstruktionen. Aus: Baumgarten, Bauernhaus (1985) Abb. 4.
Abb. 21 Frühes Ernhaus. Aus: Baumgarten (1985) Abb. 17.
Abb. 26 Rekonstruktion eines Grubenhauses und einer Grubenhütte aus Gladbach, Kr. Neuwied. Aus: Sage, Gladbach (1969) Abb. 16.
Abb. 29 Rekonstruktion des befestigten Hofes in der Niederungsburg von Holzheim (Modell RGZM).
Abb. 30 Mitteldeutscher Dreiseithof. Aus: Baumgarten, Bauernhaus (1985) Abb. 51.
Abb. 31 Plan des salischen Dorfes Wülfingen. Aus: Schulze-Dörrlamm, Wülfingen (1991) Abb. 5.
Abb. 33 Plan des salischen Steinbrunnens D aus Wülfingen. Aus: Schulze-Dörrlamm, Wülfingen (1991) Abb. 12.
Abb. 34a Backofen aus Rohrbach. Aus: R. Reutter, Haus und Hof im Odenwald (Gesch.bl. Kr. Bergstr.: Sonderbd. 8) (1987) Abb. 94.
Abb. 34b Backhaus um 1520/30. London, British Library. Add. 24089, fol. 29 verso.
Abb. 35 Weideaustrieb der Schafe und Kühe. Wien, Österr. Nationalbibliothek. Cod. 2730, fol. 7 verso (Kalenderbild April).
Abb. 36 Taubenturm. Wien, Österr. Nationalbibliothek. Cod. 2730, fol. 11 recto (Kalenderbild November).
Abb. 37 Palisadenzaun. Wien, Österr. Nationalbibliothek. Cod. 2730, fol. 8 verso (Kalenderbild Juni).
Abb. 38 Gommerstedt in spätsalischer Zeit. Aus: Archäologie in Deutschland 4, 1990, 14 (nach K. Weidemann).
Abb. 39c Holzheim. Niederungsburg Periode 2 (Modell RGZM).
Abb. 44 Düna, Kr. Osterode. Aus: Klappauf, Düna (1986) Abb. 4a.
Abb. 45 Unterregenbach, Kr. Schwäbisch Hall. Aus: Schäfer/Stachel, Unterregenbach (1989) Abb. 41.
Abb. 46 Durchschnittliche Körperhöhe. Aus: H. Roth und E. Wamers (Hg.), Hessen im Frühmittelalter (1984) Abb 121 (M. Kunter).
Abb. 47 Tierhaltung auf dem Bauernhof. Aus: Rösener, Bauern (1985) Abb. 38.
Abb. 48 Bauern bei der Zinsgabe. Aus: O. Borst, Alltagsleben im Mittelalter (Insel-Tb. 513) (1983) Abb. 25.
Abb. 49 Eisengegenstände. Aus: Timpel, Gommerstedt (1982) Abb. 39.
Abb. 50 Gezähnte Bogensichel. Aus: Rösener Bauern (1985) Abb. 18.
Abb. 52 Siedlungsbereich und Umgebung (Straßburg 1502). Aus: H. Kühnel (Hg.), Alltag im Spätmittelalter (2., verb. Aufl.) (1986) Abb. 270.
Abb. 53 Tornow, Kr. Calau. Topographische Verhältnisse. Aus: Herrmann, Tornow (1991) Abb. 1.
Abb. 54 Tornow, Kr. Calau. Slawische Siedlung D. Aus: Herrmann, Tornow (1991) Abb. 5.
Abb. 55 Tornow, Kr. Calau. Rekonstruktion der slawischen Siedlung D. Aus: Herrmann, Tornow (1991) Abb. 7.
Abb. 56 Dalem, Kr. Cuxhaven. Östlicher Dorfbereich. Aus: Zimmermann, Dalem (1991) Abb. 7.
Abb. 57a Dalem, Kr. Cuxhaven. Webgrubenhaus 9. Aus: Zimmermann, Dalem (1991) Abb. 6.
Abb. 57b Rekonstruktion eines Grubenhauses mit Gewichtswebstuhl. Aus: Stadt im Wandel (Ausstellungskat.) Bd 1 (1985) Abb. 7 (W. H. Zimmermann).
Abb. 58 Telgte, Kr. Warendorf. Haus XXXV, Bau 3. Aus: Reichmann, Ländlicher Hausbau (1991) Abb. 7.
Abb. 59 Telgte, Kr. Warendorf. Grundriß der Hofanlage um Haus XXXV (Mitte 11. Jahrhundert). Aus: Reichmann, Ländlicher Hausbau (1991) Abb. 12.
Abb. 60 W. Stechow, Pieter Bruegel (DuMont's Bibl. großer Maler) (1977) 123.

Verf. und Verlag danken den folgenden Bibliotheken und Verlagen für die Reproduktionserlaubnis bzw. die Abdruckgenehmigung: Österreichische Nationalbibliothek, Wien (Abb. 35–37), The British Library, London (Abb. 34b), DuMont Buchverlag, Köln (Abb. 60), Konrad Theiß Verlag, Stuttgart (Abb. 13a) und Buchverlag Ullstein (Propyläen Verlag), Berlin (Abb. 1).

75